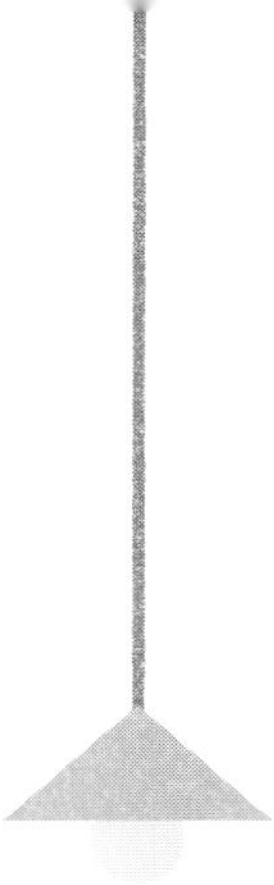

社会人3年を過ぎたら読む マンネリな自分を変える本

経営コンサルタント
宮内 亨 著

同文舘出版

なんだか仕事に飽きてきた……
1年前と同じ生活、同じ仕事……
いつも同じ顔ぶれで、同じ愚痴……
もっといい人生があるはずなのに……

そんな、なんとも言えない〝マンネリ感〟を、解消しませんか?

はじめに

みなさんがマンネリ感を持つのは、いったいどんなときでしょうか？

仕事もプライベートも充実させたい。そう思っているけれど、何をどうしたらいいか、わからない。結局、なんとなく同じことの繰り返し――そんな状況にあるでしょうか。

とくに、私たちが生きる平成という今の時代は、グローバル資本主義社会という厳しい時代です。無自覚に過ごしてしまうと、日々、自分をすり減らし、マンネリに陥らざるを得ない時代だと言えます。

人がどの時代のどんな状況で生まれ育つかは、生まれてくる側からみると、まったくの偶然としか言いようがありませんが、そんなときでも、ささやかな試みによって、私たちは、自分というものを見失わず、瞬間、瞬間を大切にして働き、生き続けていくことはできます。

本書では、私たち誰もが「当たり前」と感じていることを、あらためて振り返ってみることで、自分を高めていくヒントをお伝えしていきます。

日本経済が右肩下がりで「落ちていく」中にあるからこそ、若い皆さん方には、日々、自分を高めていく方法を知っていただきたいと思います。瞬間、瞬間を大切にする、そうやって生きてきた団塊世代から、この本で「マンネリな自分を変える」方法を提案します。

社会人3年を過ぎたら読む **マンネリな自分を変える本** もくじ

CHAPTER 1

お金について考えてみる **お金で自分を獲新する**

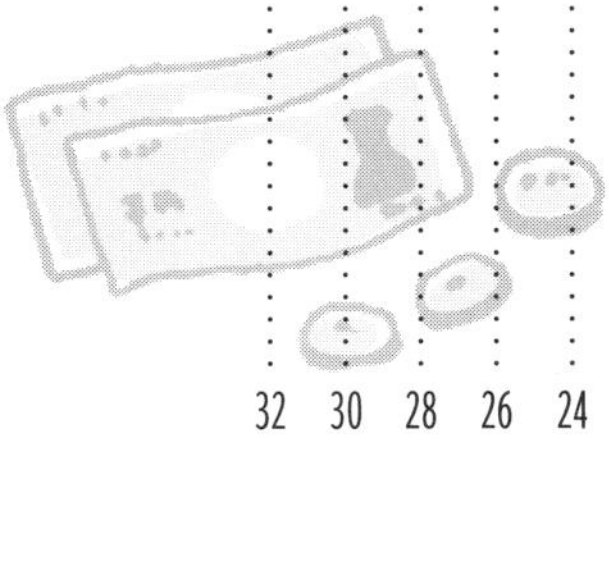

CHAPTER 2

文字を書いて自分を振り返ってみる

書いて自分を書く新する

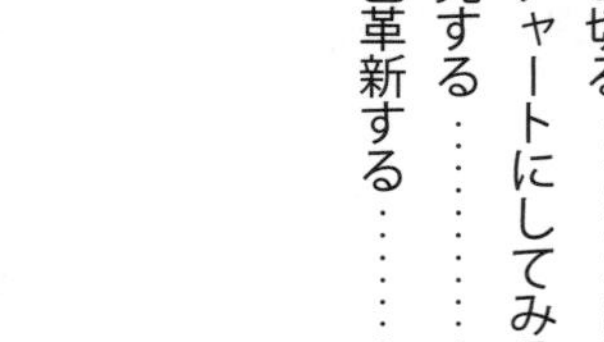

CHAPTER 3

いつもと違う場所に行ってみる

異空間で自分を拡・新する

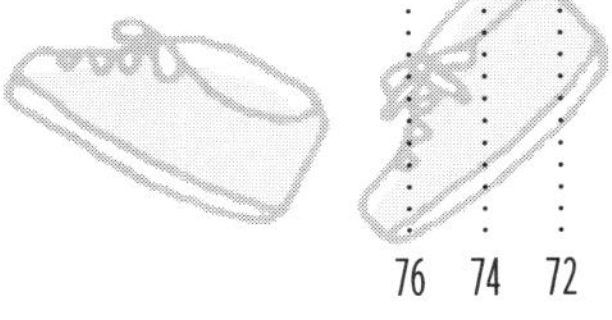

CHAPTER 4

過去に思いを馳せてみる タイムスリップして自分を隔新する

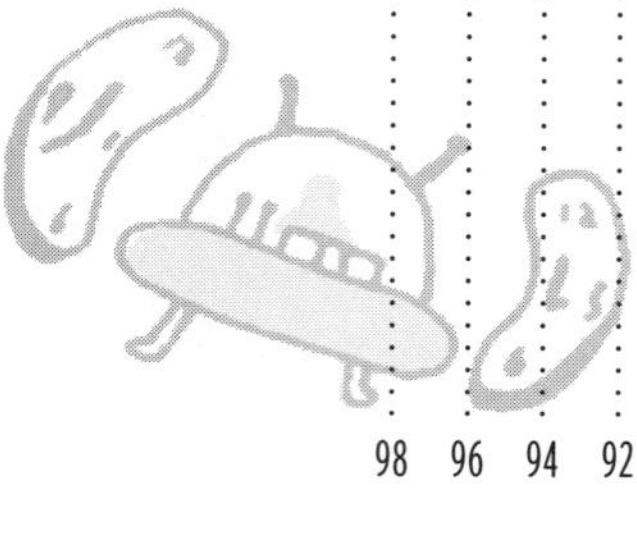

CHAPTER 5

自分が育ってきた環境を振り返ってみる 育ちを振り返って自分を確認・確新する

CHAPTER 6

自分のルーツについて考えてみる

DNAに迫って、自分を核新する

CHAPTER 7

異性について考えてみる 異性と比べて自分を較新する

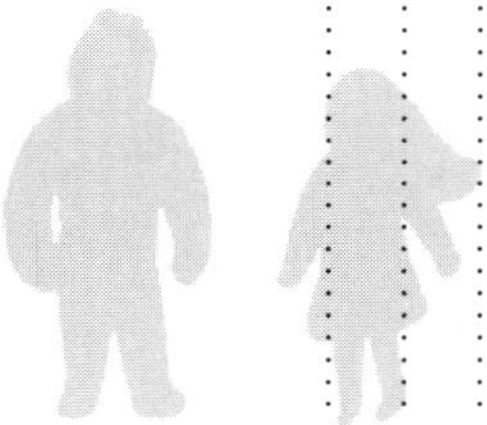

CHAPTER 8

異なる世代と交わってみる

異世代を通じて自分を格新する

CHAPTER 9

仕事について振り返ってみる 仕事で自分を革新する

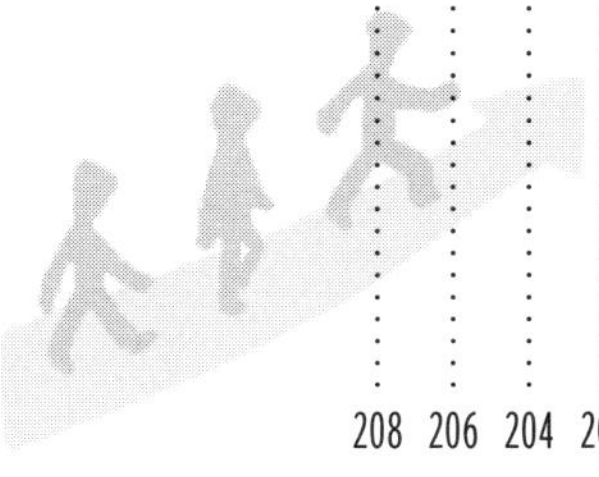

カバーデザイン◉高橋明香(おかっぱ製作所)
本文デザイン・DTP◉エムツーデザイン
本文イラスト◉石川恭子

CHAPTER 1

お金について考えてみる

お金で自分を獲新する

1　お金ってなに？

みなさんは「お金とはなにか？」と深く考えたことはありますか？

今の私たちにとってあまりに当たり前なこと、たとえば「空気、水、食べ物、言葉、人間」といったものを本質的に考えることは、日常ではまずありません。

なぜなら、その必要性がないからです。それがなくなって、困り果てたときに痛感して、考えざるを得なくなるくらいのものでしょう。

お金も同様に、なくなったときにはじめて、そのありがたみやら意味合いやらを痛感するのです。

私たちはお金がなければ生きていけませんから、お金を稼ぐことが生活そのものと言えなくもありません。
そして、お金の稼ぎ方と使い方は人それぞれに違いますから、「お金とはなにか？」をしっ

かりと確認しておくことは、「自分がどんな人間か」を知ることにつながるのです。言い換えれば、**お金への対応、態度で、その人の本質が見えてくる**とも言えます。

そうした本質を考えることは、自分自身を新しくすることにもつながると考えます。

お金とは、「売りと買いの交換手段」であり、ほぼなんでも購入できるもの、ほぼなんでも値段化するものです。さらに言えば「人間を含めた世の森羅万象の価値を測定して決めるもの」であるかのようです。そうした万物の尺度であるお金への私たちの対応、態度が、逆に私たちを規定して、まさに私たちそのものにもなっていくのです。

・お金が入ってくる人／お金が逃げる人
・お金にこだわる人／あまりこだわらない人
・お金にきれいな人／きたない人
・お金に自然な人／どこか不自然な人

さまざまな人がいます。お金は万物の尺度でもあるかのようにふるまうようで、〝お金から逃げられない〟のが私たちの宿命のようです。

2 「生き金」と「死に金」の違いを考える

商品を交換するための手段に過ぎないはずなのに、いつの間にか私たちの目的のように君臨している。それがお金です。そうは言っても、誰だって、それがいつでも「生き金」になってほしい、「死に金」は嫌だと思っていることでしょう。

自分と他の人のためになるお金が「生き金」で、自分と他の人のためにならないお金が「死に金」です。と、簡単に説明できることですが、「生き金」「死に金」の基準はかなり相対的で、誰にとっても同じ「生き金」「死に金」があるわけではありません。

たとえば、タバコは今や1箱400円を超すようになりました。その400円強は、愛煙家にとっては生き金ですが、タバコが大嫌いな人には死に金です。

また、平成を生きる私たちにとって、ペットボトルの水に100〜150円払うのは当たり前のことです。これが先の戦争以前の人にしてみれば、「水はタダ、水道水で十分」となるでしょう。

同じ機能のシャツでも、2万円のものもあれば1000円のものもあり、デザインと素材で本当に20倍もの差があるのだろうか？　と感じることもしばしばです。その中で「この1000円のシャツで十分満足」と感じる人もいれば、「この2万円のシャツでなければダメ」と感じる人もいます。

そもそも、お金とは「交換手段」であって、モノやヒトの価値を値段という数値に置き換えるものにすぎません。価値を数値化する基準はそのモノやヒトの「素材とつくり」であるはずなのに、いつの間にか、お金が価値そのものになっているようにも見えます。

お金を払うということは、ある商品の「素材とつくり」をどう評価するか、どこに価値を見出すか、ということに他なりません。お金を払って得たモノとは、価値を見出したもの、評価したものであって、私たちがあるモノやヒトの〝どこに価値を見出すか〟とは、突き詰めれば、実は、人生そのものです。でも、その価値そのものが主観的、気分的で少しあやしいからこそ、人生に生きる生き金と、人生にとっての死に金が相対的に存在するのです。

お金の価値は相対的で「人それぞれ」だからこそ「生き金」と「死に金」の分岐点をさぐることは大切です。お金と自分との関係を、お金の使い方から検討して、自分にとっての生き金、死に金を考えていくことは有意義なことです。

3　お金を得て獲得したものはなにか？

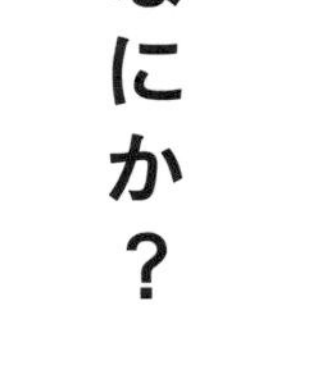

自分にとっての「生き金」「死に金」を考えるにあたって、まず「お金を得ること」について考えてみましょう。

社会人は普通、働いてお金を得て生活しています。売上なり給与なり、お金を得てはじめて自分の働き、労働が認められることになります。他の人にどれほど感謝されても、どれほど喜ばれても、売上や給与といったお金を得られなければ、その働き、労働は続けられません。無報酬のボランティア活動だけを、永遠に続けることはできないでしょう。

お金のような「万物と交換可能な代替物」を得て生活できる基こそ労働と言えます。ですから、働いてお金を得ることが生活そのものです。とりわけ、私たちが生きる資本主義社会においては、より高度に働いて、よりお金を得ていくことが、より自分らしい生活を獲得していくことにつながります。

より高度に働くことでより多くのお金を得て、よりよい生活を獲得できていけば、マンネりに陥ることはありません。働きぶりがレベルダウンして、得られるお金がわずかとなったら、マンネリ状態に入ったとも言えます。

マンネリとは生活獲得がうまくいかず、心がよどんでいる状態のことです。

その点から言えば、日本全体がマンネリ化しているのが現代とも言えます。

そうした**よどんだ状態を打ち破るのに、「お金を得て獲得したものはなにか?」と考えることは大切**です。

お金を得て、より自分らしい生活を獲得していくために、獲得したものを意識してみましょう。

毎日三度のおいしいごはん、ほぼ毎日変えるあたたかい服、安心安全な自分の家。あなたも、こうしたものを獲得してきたことでしょう。

そうしたもののみならず、あなたが結婚しているのなら、愛するパートナー、愛の結晶の子供たち、そうしたものからなるあたたかい家庭、これらすべてが、あなたが獲得してきたものです。

働いてお金を得て獲得したものは、みんなみんな自分の人生の宝そのものだということがわかってきます。

4　お金を得て失ったものはなにか？

お金を得ることで獲得できるものがある半面、失うものもある、と思う方もいるかもしれません。たとえば、仕事に没頭して大金を得た人は、その分家庭を犠牲している、と。

お金を得れば、何かを失うと考えがちですが、実は、力ある人にとっては失うものはなんにもありません。

それが言い過ぎなら、仕事で犠牲にせざるを得ないことを知りぬいている、と言えます。お金を得るための労働を、仮に今はつらくてつらくてたまらないとしても、意味のあるものに換えることができるなら、なにも失うことはありません。

お金に関することわざはいくつかありますが、たとえば「金を追えば金が逃げる」は、お金を自己目的にすれば、お金の元の愛や価値も逃げるということです。

「苦労は金を出してでも買え」は、最終的にはお金が入ってくることにもなって、どんな苦労も生きる、ということを意味します。

以上のように、お金儲けを自己目的にせず、苦労、苦心という自己投資をする人たちは「金を得て失うもの」などありません。

金を得て失うものがあるのは、金のために大切な人や物や事の存在を無視したり、否定するときです。極端な場合「金のために友や恋人を売る」とも言い換えられるでしょう。金を自己目的にして追いかけ、仮にそれなりの大金が入っても、後で失ったものの大きさを知るときです。失ったものとは、愛や仁や義といわれるものでしょう。中国で「巧言令色、仁に遠し」というのは、このことです。金のためには巧言令色も必要なときもありますが、「金を得て失う」につながっていきます。

また、苦労せずに金を得ようとすることも「金を得て失う」につながります。極端な場合、人をだまして金を得る〝オレオレ詐欺〟のようなペテンがそうです。まさに「悪銭身につかず」です。

真に実力のある人、人の道を知っている人は、お金を得て何かを失うこともないし、同時にマンネリに陥ることも少ないと思います。

5　お金より大切なものを考えてみる

お金は生活の目的ではなく、あくまで手段です。そして、お金は自分も含めた人のためになってこそ「生き金」となります。お金を得るためには一時的になにかを失うことがないわけではありません。しかし、長い目でみれば、金を得るために獲得することのほうが圧倒的に多いのです。

お金は私たちの生活を充実、発展させる手段として、絶対的に必要なものなのです。

このようなことが、おわかりいただけたでしょうか。

ここからさらに踏み込んで考えてみましょう。

・生活が目的でお金は手段
・だからこそ、お金は自分と他人のために使っていくべき
・お金を得るためには一時的な犠牲、背反もいたし方ないが、最終的には自分が納得した方法でお金を獲得していく

・お金は生活を充実させるために最低限は必要だが、お金以上に大切なものもあると、「人生＝生活＝金儲けだけではない＝自分にとって大切なものを探す」という、よりよき人生コースを私たちは歩むようになっていきます。

「お金より大切なもの」と聞かれたら、家族や恋人、命、愛とほぼ誰もが答えるように、実は私たちは誰でも知っているのです。

自分の命と愛が結集、体現したものが恋人や家族なのです。

ということは、命と愛が結集した恋人や家族のために働き、生きていけば、マンネリに陥ることはないのかもしれません。

たしかに、自分の命、自分を愛することは生きるうえでの起点です。ただし、それだけだと「自分の、自分による、自分のための人生」となって、それこそマンネリに陥っていくのではないでしょうか？

自分以外の大切な人のためにお金を稼ぐからこそ、お金より大切なものが見えてきて、いつでも充実した人生が送れるのではないでしょうか？

6　自分が稼ぐべき額を考えてみる

いくつになっても輝く人、いきいきとしている人は、日々、小さな変化を自ら起こしている——これがこの本のテーマです。言い換えると、どんなことをすれば、自分をよりよく変えられるか、を考えるのが、本書の実践テーマです。

「社会人で現役ならば」という前提付きですが、他の人のために働いてお金を獲得することは、いきいきと生きることの源と言えます。では一体、どのくらいお金を獲得、つまり稼げばいいのでしょうか？　その目安について考えてみましょう。

結論から言えば**自分の給与の3倍以上の粗利（売上×粗利率）を稼ごう**ということになります。

私たち人間は、一日精一杯働けば、自分のその日一日分の必要分、必要経費を稼ぎ出すことができます。私たちが住む、この地球という豊かな大地がそれを保障してくれたのです。

さらに、夫婦で協同して働けば、お互いの能力を発揮し合って二人分以上の必要経費を稼ぎ出すことができます。つまり生まれてくる子供の分も稼ぎ出せるのです。

企業はもともと夫婦の生業稼業から発展したわけですから、企業にも同じことが当てはまります。一般の家庭同様、家賃20%、水道光熱費5%、交通費5%、食事代40%（企業でいえば人件費にあたる）、交際費10%（企業でいえば販売促進費にあたる）、その他15%ですんだとして、貯金（利益）が5%になります。

以上、人件費が全体の40%ですから、生きていくには、その2・5倍の粗利がどうしても必要なことがわかります。営業に従事している人は自分への給与総支給高の3倍以上の粗利を稼がなければなりません。

よく「給与分稼いで半人前、給与の倍稼いでなんとか一人前、給与の3倍稼いで立派な一人前」と言われるのは、このためです。誰だって、立派な一人前になるためにお金を稼いできたのです。

会社で教えられたことを忠実に実践することで、まず給与分くらいは稼げるものでしょう。その給与を自己投資することでかしこくなって、金儲けが上手になり、倍ほど稼げるようになるのです。そしてお金より大切なものをいっぱい構築したことで、他人から一目おかれ、その結果、3倍稼ぐようにもなるのです。

7　お金の使い方を考える

経営コンサルタント歴30年以上、1800社のお手伝いをしてきた経験から断言します。「自分の給与の3倍以上の粗利を稼ぐ」人とは、「自分の可処分所得の11％以上の自己投資」をしてきた人です（「11％」とは、ランチェスターの法則でいう「影響シェア」です）。

たとえば、20代で独身なら25万円の給与支給高、20万円の手取り。可処分所得が4万円なら、4400円以上。妻帯者で小遣い3万円なら、3300円以上が11％の自己投資ということになります。

投資先として一番多いものが、本の購入費でしょう。

独身者が毎月4400円の自己投資を6年間続けたなら、4400円×12ヶ月×6年で、投資額は合計で約30万円になります。妻帯者が5年間の自己投資を続けたなら、3300円×12ヶ月×5年で約20万円となります。

自分で稼いだ金をきちんと自己投資する人は「一粒万倍」（ひと粒の種をまいて万倍の収

穫を得る）、「ちりも積もれば山となる」を知っている人なのです。

現代は資本主義社会で、「見えざる手」としての資本が私たちの背後からいろいろと操作しているわけですが、その資本は儲けるための「投資」と、必要経費としての「経費」とを峻別していきます。私たち人間に対しても、投資に値する「人材」と必要経費としての「人手」を区別して対処します。

社会、会社、資本から、**「経費」ではなく「投資」扱いの「人材」とみなされたかったら、まずは自らが自らを「人材」にする投資をしていくべき**です。

そのために、可処分所得の11％程度の投資は当然のことなのです。独身なら、6年間で約30万円、これを書籍代にあてたなら、約200冊の本を読破できます。これで自分を高めるには十分です。この独身時代200冊の本をわがものとすることによって、結婚してから5年間に読む150冊の方向も決まってくるのです。

別に読書がすべてではなく、自己投資は旅行、セミナー、映画、芸術鑑賞となんでもあります。

みんながネットで安直に「処理的」に人が出した答えを抽出している間に、少しだけ苦労して一粒万倍の「確立的」答えを模索しましょう。

8　寄付、ボランティアもやってみる

生き金を得ることが極めて大切なことであるのと同じくらい、お金と直接関わりのない行為も重要です。

最近、寄付に関するニュースや記事が目立ちはじめました。

ボランティアはそれより20年以上も前から話題になり、学校での単位になる時代になりました。

寄付やボランティアをいつも少しずつやっている人と、まったく無縁の人を比較すると、次のようなことが言えるのではないでしょうか。

・寄付、ボランティアにかぎらず、自分と無関係な人たちに無償の行為をする人は、過去に、他の人からなんらかの形でしてもらって感謝したことがあるのではないか？

・仮にしてもらったことがなくとも、そういう教育を親、とりわけ母親からしてもらったのではないか。自然に身についているサービス精神があるのではないか？

・もしかしたら育ち以前のＤＮＡレベルで、無償の行為的因子を有す分泌物を多く放出する人とそうでない人があるのではないか？

そのどれであれ、寄付、ボランティアを一度でもやったことのある人は、次のような心持ちになったことがあるのではないでしょうか。

・たとえ自己満足でも終わったときのすがすがしい気持ち
・「ありがとう」と言ってくれて、ときとして涙まで出してくれたときの嬉しさ
・人の役に立つすがすがしさと嬉しさは自分のためとは異質のレベルのものだ

なぜ、かくも私たちは他の人のためにすがすがしくなれるのでしょうか？　私は次のような仮説をもっています。

・私たちは７００万年以上前の猿や猿人のときの群れ的、共同体助け合いのＤＮＡを持つ
・助け合えばともに群れとして生きていける資源をこの地球は与えてくれているという天与（天から与えられた）の意識も有す
・それが贈与互恵の精神として、それを否定してはじめて成り立ってきた資本主義精神の底部に温存されている

9 小額から株等の投機もやってみる

昭和の小説で庶民派・山本周五郎派と貴族派・三島由紀夫派があるとすれば、私は前者寄りでした。それも素直に「寄付、ボランティアもやってみよう」に乗れる側でした。

三島が「人間的姿は江戸の長屋の熊さん、八っつぁんだけでなく貴族華族にもある」と言ったのを、20歳の頃知ってショックでした。

御先祖様が投資や投機で金儲けして地位を得たのが貴族、そうでない私の先祖の百姓や倭冠（長崎の海賊）は庶民、と単純に捉えていた頃です。

ところで、投資と投機をどう質的に区別できるのでしょうか？

人は生きる以上、未来へ将来へと生きていくわけですから、人生そのものが投機なのです。

猿から人間になったのも、贈与互恵の関係だけでなく、比較して優位に立ちたいという、先行的投資、一発勝負的投機といった生存競争の関係も一方に厳としてあったはずです。

ですから、**小額から株等の投機もやってみることは、人間の本能にもマッチしている**のかもしれません。

もともとそれと無縁だった私も、株や債券投資をほんの少しやってみて、次のようなことがわかりました。

・数%の変動的金利の世界だからこそ、世の森羅万象を金利に集約させるすごい勉強が必要であり、自分にはまったく向いていない

・価値を数値化したいろいろな計数を組み合わせて先を読んでいく金融工学的アプローチは、地震の予測と同じくらい、確率が低いのではないか?

・しかし生存競争に打ち勝つには、人間をマス化して統計的、方程式的に捉えねばならない

「金がすべて」であるかのような、この高度に発展した資本主義社会に埋没することなく生きていくには、「眼には眼を」で、小額から投機をやってみるのも大切なことでしょう。

10　お金を獲得しつつ、お金を超える

この平成の時代、世界はグローバル資本主義に覆われ、日本は斜陽「大国」日本となり、昭和は「古き良き時代」になってしまいました。

私は奈良時代から平成の今まで１３００年間の日本の言葉の研究をしておりますが、多くの書籍・文献を調べると、「取る」という言葉は12世紀保元・平治の乱で日本が大いに乱れた弱肉強食の頃（平清盛の頃）と平成の今が一番多く使われています。

「取り上げる」「取り返す」「取り込む」「取引する」といった表現が一番顕著です。

それに加えて、この平成時代には「押す」「突く」「振る」「飛ぶ」といった攻撃的言葉が、１３００年間で一番多く使われているという事実に気づきました。

世を上げての攻撃的な「金儲け」が、インターネットとつながって、世の大勢になっています。

そうした厳しい状況下にあっては、**金儲けに〝乗りながらも、乗らない〟ことがきわめて**

大切です。だからこそ、お金について考える章を本書のスタートに持ってきたのです。

・金儲けを否定しない。それに乗る。なぜなら、私たちはその究極の資本主義社会、それもグローバル資本主義社会に生きているから

・得た金を自分と他の人の幸せのために有効活用して「生き金」にしていく。それによって、マンネリすることなく、日々、自分を新しくしていくことができる

・生存競争・弱肉強食とともに、適者共存・贈与互恵の本能を火山のマグマのように引きずり出していく。そうして平成の国際的資本の波に乗りながらも超えていく

これこそが「現実的にお金に取り込まれず超えていくこと」になるのです。金儲けをすることで自分を革新する、「金儲け獲新法」と言えるでしょう。

私はこの60年余、そうやって懸命に生きてきました。いきいきと自己革新しながらのありがたい人生でした。

CHAPTER 2

文字を書いて自分を振り返ってみる

書いて自分を書く新する

1 「書く」ことで自分を振り返る

パソコン、メールが普及したことで「書く」ことの意味は明らかに変わりました。「書く（writte）」から「打つ（touch）」へ。

両方とも頭と指を使って記録することに変わりはありませんが、「書く」は一文字一文字書き記す行為であって、とりわけ表意文字である漢字を書くときには、その背後にあるイメージを意識せざるを得ません。

一方の「打つ」は、一文字一文字、他の人が準備したファイルから引き出す行為であり、表音文字であることを意識せざるを得ません。

たとえていえば「文学」から「音楽」への移行のようです。

ここでは両方の質差を問題にするのではなく、「打つ」も含めた「書く」と「話す」の質差について考えてみましょう。文語と口語の違い、ランゲージ（言語）とパロール（発話）の違いのことです。

私たちの生活のほとんどは口語、パロールで成り立っています。これは、私と他の人との直接パロール関係が生きることだからです。

一方、文語、ランゲージはその両者の関係を整理、まとめておくときに、まとめる人が自問自答するときに使うものです。間接関係の表現ともいえます。

つまり、**「自分を振り返る」ときの表現法こそ「書く」こと**だと言っても過言ではありません。「『書く』ことで自分を振り返る」とは、マンネリから抜け出す上で絶対必要なことなのです。

２０００年前、日本人は文字を持ちませんでした。そんな日本が中国から漢字を移入して万葉仮名として応用したのは、時の日本人の悲願の表われだったと思います。

『万葉集』『古事記』『日本書紀』といったお上的記録が、『枕草子』『土佐日記』『源氏物語』と個人的、日記的、物語的「書く」に発展していきました。日記、物語が生まれたのは、「書く」ことでしか自分を振り返ることができない、人類の定めであったと言えるでしょう。

2 メモを日記風に書いてみる

みなさんは手帳にいろいろとメモをしていることでしょう。誰でもやっている手帳のメモであっても、その書き方、やり方の違いで差がつきます。

さて「メモを日記風に書いてみる」とはどういうことなのでしょうか。

ここで少し、日記のルーツについて考えてみましょう。ルーツというくらいですから、かなり昔の話になります。1100年前の935年、紀貫之は『土佐日記』を書き、「男もすなる日記といふものを、女もしてみむとてするなり」と女性に仮託して、王朝仮名文学を誕生させました。散文と和歌の融合、文主歌従の様式の確立等、仮名文学の創始として、新しい文体が生まれ、その後の女流日記文学につながりました。

そもそも日記とは「日ごとの事実の記」なわけですが、土佐日記のように「女のごとく、みれんに、おろかなるものだ。男らしく、きっとして、かしこきは実の情にはあらず」と江戸時代の天才・本居宣長が言った「女のごとく、みれんに、おろかなる」魂の表われこそが

日記です。「単なる事実の記」が「女のごとく、みれんに、おろかなる魂の表れの記」になるのは、自問自答する自分との対話だからであって、「きりっとして、かしこき」ものになる必要はありません。「きりっとして、かしこき」は、権力者であった藤原道長の日記のように、人に見られるのをどこか意識するからであって、人為的ないやみさえ感じられます。あたかも、現代のブログのようなものです。

日記とは本来、自然に自分の内実の情をさらけ出すもので、自分の弱さ、汚さ、未練がましさを吐露するものなのです。

紀貫之のように自分以外の誰かに仮託する必要はありませんが、**日記とは、自分の立ち位置を少しずつ少しずつ明らかにしていくもの**だと思います。メモを日記風に書くということは、事実の中に自分の心のあり様を自然に吐露して、心象風景をも明らかにしていくことなのです。

そうすることで、紀貫之がそうだったように、自分の〝存在被抱束性〟、つまり自分のどうしようもない定めを発見することで、自然に生きられて幸せにつながっていくのです。そうして紀貫之が「もののあはれ」に行き着いたように、私たちも「自分にしかできないこと」、ひいては「三つ子の魂」に気づけるのが日記なのです。

3　たまには日記をひもとく

単なるメモ、それも仕事用の手帳に書き留めたメモを、たまにひもといて見直すことがあるでしょうか？　おそらく、しない人がほとんどでしょう。

なぜなら、ある行動や結果の事実だけを記したメモは、ひもとく必然性がありません。そうした一つひとつの事実の上に今現在の自分があるわけで、自分の身体がそれを実感し、充足して生きているのだから、ひもとく必然性がないのだと思います。

「食うために生き、生きるため食う」経済・経営行為をしているだけなら、メモをひもとく必要はありません。その行為の連鎖の背後に、自分の心象風景が見えて、自分の立ち位置や視座が発見される日記風の文こそ、ひもとくのではないでしょうか？

考えてみれば、経済・経営行為は有史以来２０００年、ひもといて評価されることがあまりありませんでした。たとえば、室町時代や江戸時代のトップ経営者の名前が歴史に残って

いるでしょうか?

政治家や文化人の名がたくさん残っているのに対して、経営者など今の私たちは誰も知りません。それは明治時代や大正時代にしても同じことです。坂本竜馬に比べて、岩崎弥太郎を知っている人が少ないのは、食うための経済・経営行為だからこそ、ひもとかれることがなかったのです。それが昭和の後半から平成の今にかけて、やっと経営者が評価され出しました。なぜならK・ポランニーが言ったように、20世紀そして21世紀という現代だけが「経済が社会に埋め尽くされていたのが、経済が社会の表に出てしまった」のです。

しかし、そんな時代が長く続くわけではありません。やがて来る「経済がもう一度社会に埋め尽くされ、その社会の主役が私たち人間」の世の中を見越して、たまには日記をひもとく人になってほしいのです。


たとえ今、苦しい状況にあるとしても、私たちは将来への夢やよいイメージがあるから生きていけるのです。『アンネの日記』からもわかるように、その希望も込めて日常を記すのが日記です。だから「日常の中の非日常」の旅日記が多いのです。

特に若い人は、後からひもとくような日記をつけましょう。

4　日記を「ブログ」にしない

現代は、生きるために働く、つまり経済・経営行為が中心の時代だと言えるでしょう。それは言い換えれば、お客様の評価、買ってもらうことがすべてになったということです。グローバル経済の進展とインターネットの普及によって、私たちは全世界的、一元的評価にさらされるようになりました。ブログがここまで流行したということは、ごく個人的なものだった日記までもが、社会評価、人の評価を前提とするようになったことを意味するのでしょう。

そもそも日記は「自分の、自分による、自分のための、書き込み」なのに、「他人の眼の、自分による、他人のための書き込み」になってしまいました。その「自分による」にしてもいわば「情報処理屋としての自分による」であって、「アート的情緒確立的自分による」ではなくなってしまったように感じます。

簡単に言えば、現代とは「すぐにネットで答えを探す」「自分の知恵と汗で答えを探し出さない」時代なのかもしれません。それは言い換えれば、自分の知恵が深化・進化しない時代でもあります。

日記を「ブログ」にしないことこそ、本来妥当な姿なのです。**子供時代や若い頃に他人の評価を第一にして生きてしまうと、自問自答能力よりも他人の評価がすべてとなってしまい、自分が深化・進化しません。**

そこには、表面的、情報処理的な「進化」しかありません。

自分の内面に向かい、より深い内面を探り出し、それを赤裸々に記すことは、自分を革新していくことに他なりません。日記を書くこととは、いわば自分を書く新していくことです。

自分の、自分による、自分のための書く新で、人は成長します。

話すことで相手との間合いを処理する能力は高まりますが、自分を客観視する力、自己相対化能力は、書くことによってこそ高まります。

自己相対化能力が高まっていくことで、自己総体化能力も高まります。

自己総体化能力の高まりで、自分の立ち位置、視座、存在被抱束性が見えてきます。

自分の内面をしつこく赤裸々に書くことで、広く深く自分を捉え切ってください。

5　箇条書きで3～7項目にまとめる

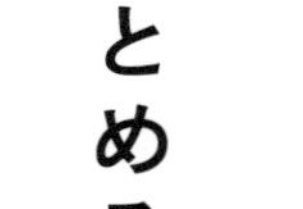

毎日毎日いろいろなことをあれこれ書いているうちに、私たちは賢くなっていきます。その大切な書き方のひとつが箇条書きであり、小学校時代、よくトレーニングさせられたのを思い出します。

・感想を三つにまとめなさい
・事実を五つにまとめなさい
・特徴を七つに絞りなさい

今もこうした教育をしているのかはわかりませんが、箇条書きで3～7項目にまとめることは、いつだってきわめて大切です。

はじめはだらだらと散文的に書きなぐっていたとしても、そのうち、一定のルール、法則のようなものを発見していくでしょう。それが箇条書きという形式にまとまっていくのです。

それと同じものが短歌や俳句であって、記号やマーク、キャラクターにしても同じです。

こうした一連の営みを、「抽象化」「象徴化」（シンボライズ化）と言います。

この**抽象化、象徴化という営みこそ、進化・深化**であり、人間の特権であり、人間が地球の主になった基と言えます。

抽象化、象徴化という人間固有の営みは、その前提、与件、契機が自分以外の外界にあるのは事実ですが、それを取り込み、整理し分析しまとめていくのは自分の精神作用そのものです。

自分の精神作用を広め、高め、速めていくことこそ、自分を絶えず変えていくこと、つまりは自己革新なのです。自分を変え続け、マンネリに陥らないためにも「書く」ことは大切な人間の精神作用なのです。

そして、最初から3、5、7項目の箇条書きを想定して事に当たることも大切です。

そうすることによって、総合化、統合化しながら仕事をしていけるからです。

6 箇条書きしたものを関連図にまとめる

箇条書きによって総合化、統合化する視座を得た後、さらに事をまとめつつ仕事をするためには、箇条書きしたものを関連図にまとめるのが、避けて通れない精神作用です。

そもそも箇条書きは、対象のいろいろな側面を分類し、分析し、整理まとめたものですが、箇条書きの段階では、その3～7項目の有機的な関連はまだあまり想定されていません。箇条書きをしたなら、次は関連させ、まとめる作業に入らねばなりません。

仮に、箇条書きの3項目が「A」「B」「C」だったとします。その場合、「A」「B」「C」がどういう関連、関係になっているのかを考えるのです。

関連、関係とは、「因果関係」「前後関係」「入力・出力関係」「類似関係」といろいろです。いかなる関係だろうと、その「A」「B」「C」の関連、関係を図に表わすのです。それが関連図と言われるものです。

現代人の一般的弱点に「関係」「関連」が見えないということがあります。

そもそも、私たちをとりまくのは、親子関係、夫婦関係、友達関係、近所との関係、上司と部下の関係、客との関係、国との関係……と、すべて関係ばかりです。

それなら、先の「A」「B」「C」だって、「A」「B」「C」の関連が関連図として具体化されていたほうがいいに決まっています。なぜなら、**「A」「B」「C」個々の実体ばかり見ていても、事は解決しない**からです。「AはA」というように、「B」も「C」も個々の実体ばかり主張していては、関連が見えなくなります。「AはA」「BはB」と捉えて立ち止まってしまっては、その先に広がりはありません。思考が硬直し、マンネリへの第一歩となってしまうのです。

「実体主義から関係主義へ」が、自己革新のポイントです。あることがらと別のことがらとの関係が広く深く見えれば、マンネリにも陥りません。

箇条書きしたものを関連図にまとめることは、デジタルを有機的アナログにすることであり、書く新のポイントになります。書き方は自由ですから、みなさんもやってみてください。

7　関連図をひと言で言い切る

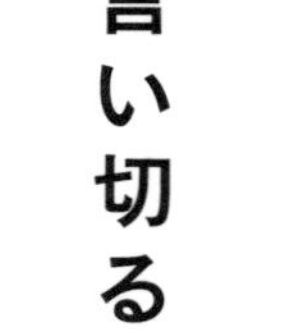

当然のことながら、関連図は目的、目標があるからまとめられるものです。「より売るために」「より儲かるために」「よりやる気を高めるために」と、目的、目標のために先の「A」「B」「C」が箇条書き化され、それらが関連図化されるのです。関連図にまとめてみると、今まで見えなかったものや、うっすら気づいていたものがはっきりします。20代の私の日記は、箇条書きと関連図と、そこから導き出される「ひと言」（結論）ばかり書くことが4年以上続きました。それが成長につながり、60代の今も生き続けています。

箇条書きの段階では「A」「B」「C」の関連・関係はよくわかりませんが、どんな形であれ関連図にすると、たとえば「売上昨対１１０％」というひとつの目標のためには「A→B→C」となっていて、「C」が一番具体的、実践的であるということがわかります。そうして、「この商品を2倍にする！」という具体的結論が言い切れるのです。

ひと言で言い切って実行にうつしていくからこそ、私たちは次へと進んでいけるのです。

仕事の課題を「箇条書き」「関連図」にしてみる

■箇条書き

目標：売上昨対 110%

A　売れる商品をつくる

B　今一番売れている商品を知る

C　Bを2倍にする

■関連図

目標：売上昨対 110%

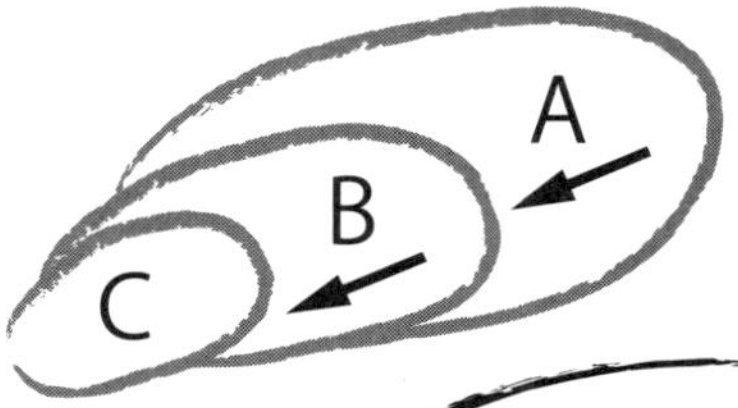

8 ひと言結論をフローチャートにしてみる

ある課題に対して「箇条書きでまとめる」→「関連図にまとめる」→「ひと言にまとめる」とくれば、「まとめをフローチャートにしてみる」ができるレベルまできました。ひと言結論から今度は逆に「関連図」→「箇条書き」をフローチャートにすることができます。

フローチャート（流れ図）とは、「実践項目を一つひとつ時間の順に並べ直したもの」「実践項目一つひとつをフェーズとして具体的やり方に落とし込んだもの」「途中、判断するフェーズもあり、そこから2～3の流れに分岐していく」もので、もともとコンピュータープログラムをつくるための工程として発展してきました。私はこうしたフローチャート技法を20代で学び取り、経営コンサルティング技法に今でも活用しています。

「話す」と「書く」、どちらも大切ですが、話すだけでは考えが深まりません。フローチャートという設計図レベルまで落とし込めるように書くことは、自分の主張を深めていく上で、きわめて有用です。

仕事の課題を「フローチャート」にしてみる

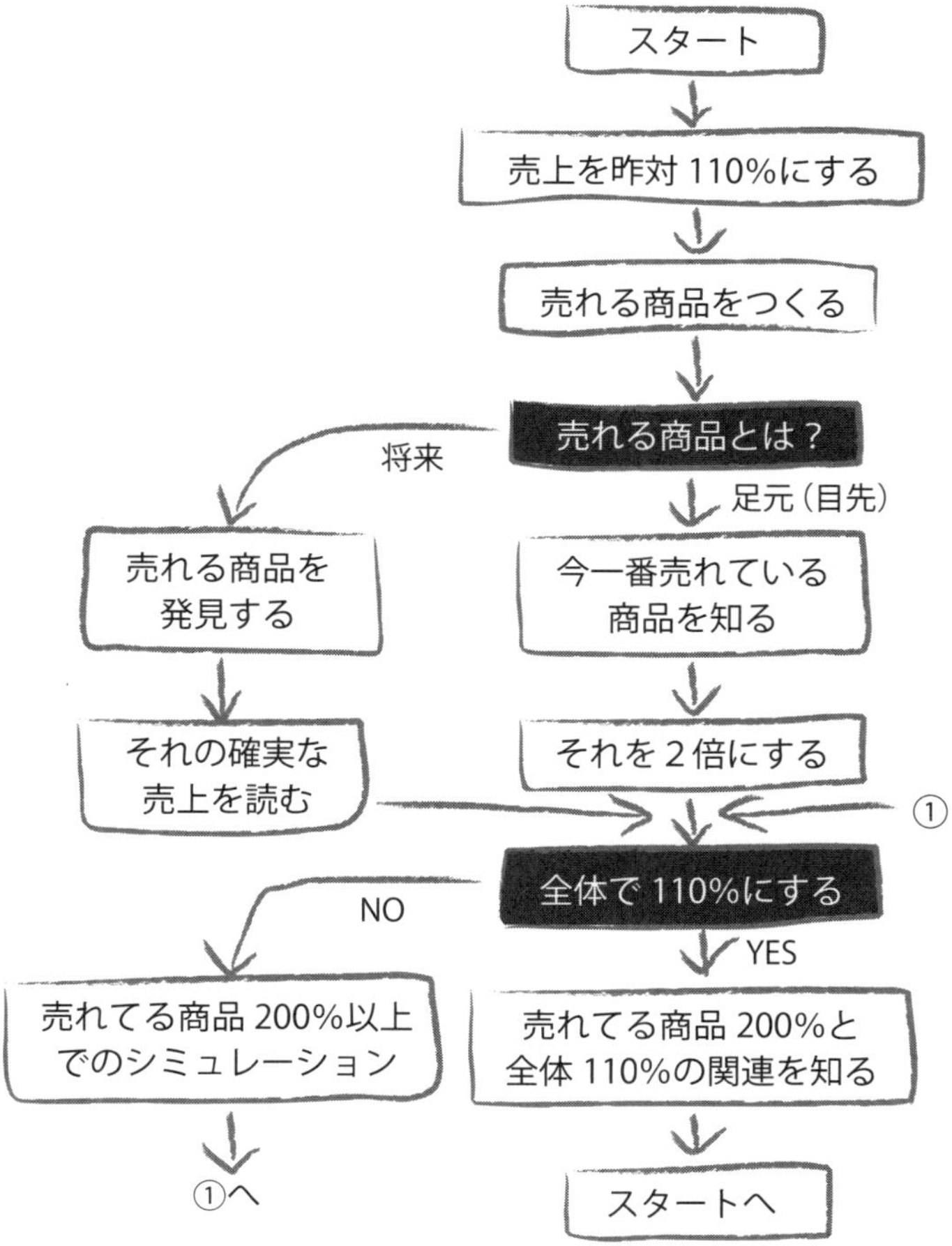

9　自己書く新で話を拡充する

この第2章は「文字を書いて自分を振り返ってみる」でした。

そもそも文字はどういう動機で発明されたのでしょうか？　日本のように独自の文字を持っていなかった私たちの祖先は、文字を使うという動機が薄かったのでしょうか？

常識的には、他者との情報伝達・交換の手段として発明されていったと考えるでしょうが、私は「自分のイメージを明確にしたいという人間欲求から生まれた」と考えます。

これを内なる言語、内語といい、昭和40年代くらいまで多くの人が知っていました。

たとえば、ある偶然から「火で肉を焼くとうまい」とイメージして、それを人にも伝えたいとします。

大切なのは、まずは「そのイメージありき」ということです。そのイメージを明確にするため、なんらかの形にしようとするでしょう。

その形がすでに明確になっている私たちは、赤子のときに親から口移し的に学習できます

が、誰からも学べない、言語の始原状態では「火で肉を焼くとうまい」を「ひ＝よい」とか「やきうまい」など、何かはわかりませんが、とにかくなんらかの形にしたと思います。

その内語が多くの人の間で共通のものになっていって、何百年か、何千年かはわかりませんが、「火で肉を焼くとうまい」に収斂していったのだと思います。

そうして、中国では表意文字としての漢字ができあがりましたが、日本では文字は弥生時代に入ってもありませんでした。

文字で自分のイメージを書くという営みは、この「内語を正確に形にするということ」であり、話し言葉としての内語の伝達、つまり会話・対話とは相当ニュアンスが違います。

現代は、この内語を明確にしていくことがきわめて重要だと思います。なぜなら、言葉とは本来、「魂の吐露」であったはずなのに、今では表面的な情報伝達としてしか使われていないからです。

言語が「魂の吐露」の形化とすれば、日記や恋文から入って、書くことでそれに磨きをかけるべきと考えます。

10 自分を振り返って自己革新する

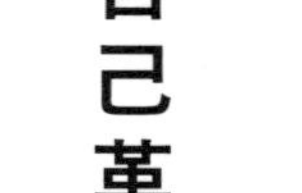

すでに触れたように、奈良時代から平成までの８００冊にものぼる書籍・文献を独自に調査したことで、いくつかのことがわかりました。

平成に入って「振り返る」「振り回す」「振り切る」といった「振」の字と、「振り返る」「繰り返す」「取り返す」の「返」の字が、奈良時代からこれまで１３００年の間で、文字として最頻出しているのです。

これは、１章で触れたように、平成が「お金を取り込む」時代であるのとともに、「振り返らざるを得ない」時代であることを反映しているのでしょう。**今という時代そのものが、昔を、原点を振り返ろうとしている**のです。

戦後66年間で、今ほど先への夢と希望を持てないときはなかったと、時代を生きてきた私は確信できます。

団塊世代が引退し、残されるのは新人類のそつのなさ、団塊ジュニア以下、若者の反発力のなさ。「もう日本もこれまでか⁉」という危機感すら覚える状態にあります。

ここで一度は振り返ってみるしかないのです。

・鎖国はしていたけど「差配」がおせっかい的で庶民文化が栄えた江戸時代
・「自分」が「独立」の気概で世界に打って出た、若々しくかっこよかった明治時代
・その自分を「通そう」とした、青春かおる大正デモクラシーの大正時代
・「引き合い」「立ち合い」「○○し合った」希望そのものだった昭和時代
・夢も希望もないから、「振り返って」自己革新して何かを模索せざるを得ない今

時代も人も自分も、誰もかれもが「自分を振り返って自己革新する」しかないのです。

コンビニの前で若者がうんこ座りをしてジュース飲みつつ談話するようになって20年、心の中では誰もが正座して自分と向き合うことから逃げられない時代がきたとわかっているのです。

そうしたものの一助として、20代、30代の若者にこの本が実質的、内面的に貢献することを願いつつ筆を進めます。

CHAPTER 3

いつもと違う場所に行ってみる

異空間で自分を拡新する

1 年を重ねるほど、日常から離れた「異空間」に身を置く

「年をとるほど保守的になる」と常識的に言われますが、この逆の「若い人ほど革新的だ」が今ほど不確かな時代もないでしょう。

「いや、スポーツと文化では若い人はがんばっている」と言う人がいるかもしれませんが、それらは生活とは直接関係のない自分の趣味の延長線にあることで、それが多少はすぐれているのは当たり前のことでしょう。いつの時代でもそうでした。

「若い人ほど保守的」とは、政治、経済、経営といった、趣味の延長線とは言えない、生活という人間にとって根源的分野で起こっているのです。

なにも「『年寄りほど革新的』になって、政治、経済、経営でがんばれ」と言いたいのではなく、昔から政治、経済、経営は年寄りの分野なのです。そのことと、日常から離れた「異空間」とを合わせて考えてみようというわけなんです。

まず空間には、故郷や、家族や自らが長く属する会社といった「同空間」と、その他の「異空間」があります。自分を育て上げてきた心のよりどころ、社会学者のテンニース流に言えば、ゲマインシャフト（顔見知り同士の自然な共同体）とゲゼルフシャフト（機能でつながった顔知らぬ空間）のことです。自分というイメージタンクを育て上げてくれた、そこにいると心地よい同空間とは異質の「ちょっと違和感を覚える」空間こそ異空間なのです。

子供にとっての異空間は「山のあなたの空遠く」のロマンの地ですが、大人になってからの異空間は「働き稼ぎ闘う自分を鍛える空間」と捉えるべきです。

・30代はそれを求めて係長、課長としてガンガン闘い稼ぐ
・40代はそのまっただ中にいて課長、部長として戦う
・50代、60代はその中であきらめもあって少し余裕をもって生きる

年を重ねるほど、同空間で過ごす時間が増え、どうしてもマンネリ化しがちです。すると、異空間に入っても驚きがなくなっていきます。

だからこそ、**あえて異空間に身を置くことを意識する**必要があると思います。

2　出張した土地の風土を感じとる

ビジネスマンにとって、手近な異空間とは出張先です。

出張した土地の風土を感じとることは、手っとり早く、異空間に浸れるやり方です。初めての土地では、まず、駅前に立ったときの違和感を大切にしてください。そして、その土地の異人や異言（方言）とも触れ合って感じ合ってみてください。帰りの車中では、今日のことをじっくり味わってみましょう。仕事がうまくいった、いかなかった以外のことを。

そういえば、『土佐日記』で紀貫之が旅したのは高知～京都の間で、海賊も出る、当時の大旅行でした。その中で「もののあはれ」を感じとり、それが日本精神にまで高まったのです。

私も出張の折には、駅前のタクシーの待ち台数とビルの多さ・高さから、その町の人口や経済力をとっさに探っていました。方言や応対から、土地ごとのセンスの質差を、先の経済力や自然環境と合わせて考えていました。

帰りの車中は居眠りすることが多かったものの、その土地と人々との触れ合い、つまり風土のぬくもりを感じて寝入っていました。

私たちはみんな、空間の産物です。

たとえば私は長崎生まれの長崎育ち、日本最西端で生まれ育ちました。井上光晴の辺境の思想・文学に惹かれるのは当然です。

大学時代にいた山口では維新の士、とりわけ高杉晋作のかっこよさにあこがれました。9年いた博多では江戸時代の町人の気風のよさ、ハレっ気みたいなものを感じとりました。関西に住んで30年以上、三都物語の周辺に住んで、いつでも日本の歴史と文化に触れられる喜びを感じています。

異空間に行くこと、佇むことは、自分を変える第一歩です。

出張という「金のかからぬ」異空間体験は重宝しなければなりません。

3　たまの旅行で異風土に身を置く

旅行にリフレッシュの効用があることは、誰でもご存じでしょう。とりわけ物悲しい秋には、人は旅へと駆り立てられます。失恋の一人旅、なかでも東北への旅は歌謡曲の定番です。旅行で異風土に身を置くことは、マンネリを打ち破る定番の方法です。

みなさんもこれまでに「自分が変わった」と感じられた旅があったことでしょう。自分を変えた旅を、三つ、箇条書きしてみてください。私の場合は次のようなものでした。

・23歳のとき、東京で新人教育を受け、万博のさなか、博多へ赴任したときの希望あふれる旅（A）

・32歳のとき、妻子を連れてブルートレインで博多から大阪へ向かった、経営コンサルタントになるための不安いっぱいの旅（B）

・56歳のとき、独立前に女房と京都の大原に行って、最後の再出発を誓った旅（C）

私の場合、異空間への旅はいずれも仕事と関係がありました。当然、ABCがA→B→C

と相関しています。
旅や出会いに関する四文字熟語もいろいろあります。
合縁奇縁（人と人との巡り合いは因縁だ）
一期一会（一生で会う機会は一度きり）
行雲流水（自然のなりゆきに任せて行動）
山海珍味（山や海でとれた珍しいごちそう）
心機一転（ある契機で気持ちを切り替える）
南柯之夢《なんかのゆめ》（人生ははかなくむなしい）
ちなみに、四文字熟語とは、48ページでお伝えした「関連図をひと言で言い切る」の一例です。
たまに出かける旅行は、それが若い頃の冒険的、挑戦的な旅であれ、年を取ってからの追想的、味わい的な旅であれ、日常では感じ取れない異風土に身を置くすばらしさを教えてくれます。
とりわけ「一期一会」が自己革新を起こしてくれます。私も56歳のときに、京都大原で建物を案内してくださった、60歳を越えた見知らぬ男性に生きる勇気をいただきました。

4　海外から日本を見つめ直す

今では海外旅行などごく当たり前で、国内旅行より安いというのが常識ですから、「海外から日本を見つめ直すことなんて、いつもやってます」と言われそうですが、問題はその見つめ直し方にあると思います。

私の一体験を書いてみましょう。

40歳でインドネシアにラタン仕入れに行ったときに出会った、30代のお母さんと5～6歳の男の子のことが忘れられません。2人は、ラタン工場の入口で腹をこわしそうなジュース類を半坪ほどで売っていました。そのお母さんは、私好みの女性でした。母に寄り添う男の子のかわいらしさもよく憶えています。「買ってほしい」というまなざしで私を見ていましたが、腹をこわしそうだったので、買いませんでした。

その母子を見ているなかで、ふと、インドネシアで終戦とともに当地に残った兵隊のことが頭に浮かびます。何千キロ離れた日本に肉親（私の場合は妻子がいて懐かしい）がいる、その状況を想像しました。そして不遜にも、「この親子と生活したら、一族郎党面倒みないかんのやろな」と考えていました。「ジャパン・アズ・ナンバーワン」の頃の話です。

こうしたささやかな体験、そして見つめ直しは、誰にもできることでしょう。

そうして海外から日本を見つめ直してみたなら、みなさんそれぞれの問題意識から、「比較○○学」まで高めてください。

・靴屋さんなら「比較靴学」
・タクシーの運転手さんなら「比較タクシー学」
・おまわりさんなら「比較おまわりさん学」
・花屋さんなら「比較花学」

テーマはなんでもいいのです。

自分の問題意識を、２章でお伝えした「自己書く新」で高めて、ネットなりで発表してみましょう。自分の問題意識を、どうせなら「学」にまで高めて、どんどん発表していただきたいものです。

5 映画、演劇、絵、音楽、スポーツにひたる

映画、演劇、絵、音楽、スポーツにひたるとは、前項の海外旅行同様に、自分を変える当たり前の方法です（これほどたやすい方法はないでしょう）。

誰でも自分の人格形成に大きな影響を与えた映画があるのではないでしょうか。映画ほどの虚実皮膜はないと思います。私の世代では黒澤明やウィリアム・ワイラーやミケランジェロ・アントニオーニが尊敬されるのも当たり前です。

高校時代、私は演劇部に所属していて、長崎県代表で九州大会に出たことがあります。「演劇は総合芸術だ」「セリフをしゃべらないときの演技こそ大切だ」ということをH先生から学びました。演劇には、映画と違って生身の人間の立体感があります。

絵についても、誰でも好きな作品、絵描きさんがいることでしょう。その人その人のイメージをシンボライズした絵は、妙にわれわれに迫ってきます。「文学は文学を語れるが、絵は

絵を語れない」と語ったのはサルトルですが、絵がわれわれの眼前にリアルにある人工自然の代表だからでしょう。

音楽ほど、ジャンルはなんであれ、異空間、それも心地よいそれを与えてくれるものはないかもしれません。私の友人で、義理と人情で生きていた無骨男が、クラシックピアノをひく女性と結婚してすっかりクラシックファンになった例もあります。

スポーツをして、自分の体を普段と異なる状態に置くことからも、喜びを得られます。〝異体感〟をもらえる、とでも言えるでしょうか。みなさんそれぞれ、かけがえのない最高の体験があるはずです。私も高校水泳大会で水泳部に勝ったときの喜びと満足や、50歳を過ぎて日本アルプスの剣岳に登ったときの喜びと怖さは忘れられません。

少し考えただけでも、こんなにも、身近なところに異空間が存在しています。今は、昔と比べて、異空間を体験する機会が山ほどあります。

バーチャル空間もいっぱいありますが、なるべく「リアルな生身の体を使う異空間」に身を置いて、自己革新してください。

6　散歩で自分を広げる

気晴らしの散歩は、自分を変えるささやかな方法のひとつで、あの大哲学者、カントの日課でもあったそうです。

『自然と人生』（徳富蘆花）と『武蔵野』（国木田独歩）という、明治時代に書かれた「散歩文学」があります。

前者は「題して自然と人生と云ふも、地人の関係を科学的に論ずるにあらず。畢竟著者が眼に見、耳に聞き、心に感じ、手に従って直写したる自然及人生の写生帖の其幾葉を公にしたるもののみ」と徳富自身が言う。

後者は「日の光は夏らしく雲の色風の音は秋らしく……先ずこれを今の武蔵野の秋の発端として、自分は冬の終わるころまでの日記を左に並べて、変化の大略と光景の要素を示しておかんと思う」と国木田が言う。

「直写したる自然及人生の写生帖の其幾葉」も「日記を左に並べて変化の大略と光景の要

素を示す」も、そこに明治人の大胆細心さが見えます。

私の散歩もそうありたいと願うのですが、センスと文才のなさで、私流散歩になってしまいました。

それでも、なるべく女房とともに散歩することで、彼女の花のセンス、家の佇まいへの思い、近所の人との触れ合いを学ぶことができます。そこに、私の生垣へのこだわり、家とのマッチング度合い、住んでいる人へのイメージが掛け合い、触れ合っていきます。

ささやかな散歩のひとつでも、世界が少しずつ開かれていくのです。

思い返してみれば、若い頃は「犬も歩けば棒に当たる」で、ひたすらあちこち歩き回って何かを探していました。家という同空間に飽き足らず、何かあるかもしれない異空間を求めてさまよい歩いていた若い頃でした。

散歩ひとつにも歴史があるんですね。

ちょっとした気晴らしから、ささやかな発見をして、自分のセンスを磨く。そうして、「光景の要素」から「変化の大略」を見ることができるならば、マンネリに陥ることなく、日々、成長していけるのです。

7　子供の学校空間で教育の変化を知る

30代後半の頃、子供の参観日に後にも先にも一回だけ行ったことがあります。

その感想は「最近のお母さんたちは美人だ」でした。

それもそうでしょう。自分が子供のときに母親が参観日に来てから、30年も経っていたのですから。

子供の学校空間で教育の変化を知ることは、女性はもちろん、男にとってもきわめて身近、かつ大切な異空間体験です。なぜなら、教育を知ることは、今後、社会に出てくる人がどういう環境に育っているかを知ることなのですから。

話は変わりますが、明治時代、教育に情熱を傾けた森有礼は立派な人だったと思います。
今の日本の土台をつくった一人だと思います。おもに大正年間、女性教育に情熱を傾けた与謝野晶子もすごい人です。今でも日本のすぐれた女性の一人だと思います。

昭和でも教育に力を入れた人がいます。ノーベル賞受賞の湯川秀樹、平成では経済同友会幹事だった品川正治など。とにかく教育がいかに大切であるか、そして学校空間を知っておくことは、国民として親としてきわめて大事なことです。

自分のマンネリ打破にも役立ちます。

教育については、私も一中小企業経営者として心配なことだらけです。

たとえば、ゆとり教育はひどすぎました。未熟な子供を自由にさせることと、将来のためにも子供にトレーニングさせることを取り違えていました。

小学校の英語教育もしかり。そんな暇があれば、先の「イメージ発展内語拡充」を身につける、つまり、自分のイメージしたことを適切に言葉にできるよう、子供たちの構想力を上げることが大切です。

小学校の先生こそ優秀な人材を配置すべきです。私が総理大臣なら、これだけやって即退陣しようと思います（国家100年で、これが一番大切！）。

60歳を過ぎて半ば引退すると（なかなかさせてもらえませんが）、フラッシュバック（振り返って）して学校教育の大切さを痛感する今日この頃です。

8　ときには居心地の悪い空間に身を置く

働いていれば、居心地の悪い空間に身を置くことは、いくらでもあるでしょう。営業マンなら、受注できずに失注することのほうが多く、ガックリすることが少なくないでしょうし、厳しい客からクレームが出ることもあるでしょう。入金予定の客から金が入ってこず、支払いができない事態に陥ることもあるでしょう。

仕事をするとは、本来、居心地の悪さを感じることの連続です。

一般的に、学校の先生より、会社の営業マンのほうが自己革新せざるを得ないと言えます。「居心地の悪い空間＝受苦」をいっぱい体験する分、鍛えられ方がまったく違います。

受注するには、クレームを解決するには、入金してもらうためには、今までの自分を革新しないことには、やっていけません。

異空間が受苦空間だと、問答無用で自己革新せざるを得ないのです。

金がない、文章が書けない、仕事がつらい――どんな状況だろうが、「受苦」こそが情熱の源泉なのです。

よく「あの人は情熱がある」とか「情熱家だ」と言いますが、こうした言い方は実はまったく間違っています。いわゆる実体化の誤りです。

そうではなくて、「受苦」への反発こそが情熱であって、生きて働いていれば自分の未熟からくる「受苦」ばかりです。

それを一つひとつ跳ね返して、情熱とやらを磨いてきただけのことです。

つまり、居心地の悪い空間に身を置くことは、情熱が磨かれていくことですから、ときにはあえて居心地の悪い空間に身を置くことが、若いうちには特に必要なことだと思います。

9　二度とない今の異空間体験を味わう

ゆとり教育世代の反発係数の低い（？）若者たちと接していて感じることは「二度とない今の異空間体験を味わう」ことに対する認識のなさです。これは危機意識の欠如といってもいいかもしれません。

昭和20年代、今から60年も前に、サルトルが「人は分子的に生きざるを得ない」と言ったことを思い出します。私たちは、世のシステムの一要素、一分子として無機的に生きざるを得ないということです。もちろん、当の本人は楽しく、それなりにいきいきと生きているという気分で、矛盾や危機感なんて、ほとんど感じていません。

では、世の一分子ではあるけれど、主体的に情熱をもって生きていく人間になるには、どうしたらいいのか？　この問題意識で、私はこの本を書いています。

その答えのひとつが、サルトルが60年も前に言った「実存は本質に先立つ」です。それをもじって、私は「売ることは生きることに先立つ」という考え方でやってきました。

実存とは現実存在の意味で、「実存は本質に先立つ」を言い換えると、「二度とない今の異空間体験を味わう」と同じ意味になります。

・これがなければ何も始まらない言動のビッグバンが始原（アルケー）です
・「私という世界で唯一の人間による、今しかないこの瞬間・空間での言動」がすべての始原です
・その「私」は○○○の子で、△△△の親で、□□□の会社に属していて、※※※の考えで生きている男（女）です

この○○○、△△△、□□□、※※※はすべて「私との関係」です。つまり、マルクスが言った「社会的諸関係の総体」が人間なのです。

こうしたことが、「味わう」の意味するところでもあるのです。「味わう」とは、現在、過去、未来という時間（4章で触れます）との関係、家族、会社、地域社会、日本との関係（この章のテーマ）を吟味していくことなのです。

10 異空間の異人から自己革新する

平成の今、「取る」「押す」「突く」「飛ぶ」といった、資本主義の攻撃性が如実に前面に出た言葉が頻繁に使われていることはすでに触れましたが、こういった現在の状況を、グローバル資本主義という異空間の異人と捉えれば、自分を変えるきっかけとなります。

子供のころに聴いた童謡「赤い靴」で、女の子が「異人さんに連れられて行っちゃった」というフレーズが、私の脳裏に深く深く定着しています。**生きるとは「異人との関係に対処していくこと」**とも言えるでしょう。

私の文献データベースから、さらにひとつ、二つご紹介します。

「〇〇し合う」は、昭和をピークに平成ではどーんと表現が減ったことは触れました。もうひとつ「〇〇分ける」(「自分」「見分ける」「取り分ける」など)も、大正をピークに昭和、平成とその表現を大きく減らしています。

このことは、平成の今、「異空間の異人」と「○○し合う」ことが少ない、「異空間の異人」と「○○分ける」ことが少ないことの証拠です。

異空間の異人を通じて自己革新していくために

・自分のルーツ、歴史を「振り返る」洞察力
・異人と「○○し合う」受容寛容力
・異人と「○○分ける」シェアー共存力

が、ますます先見性として大切になります。

江戸から明治へと日本が発展したように、平成から○○へと日本がこれから発展していくために、「振り返る」洞察力を鍛えておくこと、「○○し合う」受容寛容力を磨いておくこと、「○○分ける」シェアー共存力を鍛え磨いておくこと、が欠かせません。

自分一人でもマンネリから抜け出すことが、実は、日本という国の革新へとつながっていくのです。若い人がその大志、ロマンをもって生きて、この日本をよくしてもらいたいのです。

CHAPTER 4

過去に思いを馳せてみる

タイムスリップして自分を隔新する

1 異空間体験を〝タイムスリップ〟につなげる

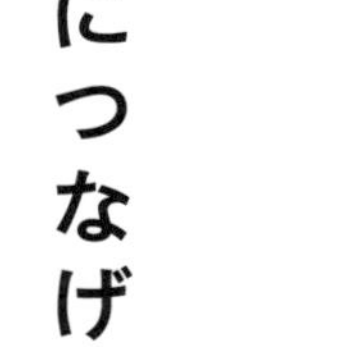

みなさんはタイムスリップしたいと思ったことはありませんか？

ひとつだけ行きたい時代があるとすれば、どの時代ですか？

タイムマシーンに乗って冒険する話は山ほどありますから、これは私たち人の夢なんでしょうね。

なぜ私たちは「異空間体験のきわめつけ」であるタイムスリップを夢見るのでしょうか？

本当のタイムスリップはできないので、身近な異空間体験のタイムスリップをあげてみると――

・夢に現われる
・昔の話を聴く
・昔の偉い人の伝記を読む
・歴史ものの映画を観る

こうしたことも疑似タイムスリップと言えると思います。

異空間のきわめつけであるタイムスリップは、そのまま異時間体験でもあるからこそ、私たち人間はあこがれるのだと思います。

日常とはまったく違う異空間・異次元体験タイムスリップは、意識が肥大化した夢追い人である人間にとって、永遠のテーマなのでしょう。

私たちが毎日生活している日常というものは、現実の稼ぐこと、儲けることに追われ(「売ることは生きることに先立つ」わけですから)、昔の話のようなロマンがほとんどありません(資本主義はロマンを奪います)。昔の偉い人のようなかっこよさもなければ(かっこよさのレベルがどんどん下がっています)、歴史ものの映画のような大感動もありません(バーチャル体験はいつでもできる)。

こうした日常にあっては、疑似体験でもいいからタイムスリップして、マンネリから脱したいと思うのは当然のことです。3章でお話しした「異空間体験」が、いつのまにか異時間体験(昔にもどる!)になっていくのは、当たり前のことだと思います。

私はいつも、おもしろおかしく疑似タイムスリップすることで、日々、自己革新につなげています。

2 〃タイムスリップ〃して今の自分との隔たりを知る

私は「こういう夢をみたい」と自己暗示をかけると、3割近く、それに近い夢を見ることができます。手軽な安くつく〝タイムスリップ〟ですが、大切な〝タイムスリップ〟は、もっと別のところにあります。

たとえば、明治半ば生まれの大叔母や、大正生まれの親父に戦争の話を聞かされ、昔の人のほうがはるかに厳しい世界に生きていたということを感じていました。

また、小学校に図書館ができた昭和30年頃、昔の偉い人の伝記をいっぱい読みました。自分の人格形成に影響を与えたのが、キリスト、上杉謙信、徳川吉宗、中江藤樹、ナイチンゲール……などの人々です。

歴史ものの映画を観ることは、疑似タイムスリップの典型とも言えます。私たち団塊世代なら共通して『十戒』『ベンハー』『スパルタカス』『日本誕生』『七人の侍』『赤ひげ』等々を観ていました。自分の人格に影響を与えてくれた映画ばかりです。

自分より上の世代の人の話を聞く、伝記から過去の偉人の成し遂げたことを知る、歴史映画から過去の世界を知る――そのように疑似タイムスリップして、今の自分との隔たりを知ることは、私たちが必然的に体験することです。

必然的に体験できるのですから、それをどんどん意図的にやっていったらいいのです。

今の自分と、タイムスリップで出会ったスゴい人たちとの違い。

先達、先輩のおかげで安定した今の自分の時代と、過去の過酷さ、厳しさ、大変さの違い。

隔たり、ギャップについての感じ方、捉え方は、人によって違うことでしょう。

私のように、メシア・偉人にあこがれて過去に回帰するケースもあるでしょう。男なら一般的に、冒険や宝探しを求めて、女ならファンタジーの世界に魅せられて過去に回帰するでしょう。

回帰の仕方はさまざまですが、過去と今との隔たり・ギャップは、どの場合でも感じとることができます。そうした**隔たり、ギャップが、次の創造を生み出す**ものなのです。

回帰とは、行きつ戻りつする人間の宿命のようなものです。

3　歴史上であこがれの人を5人もつ

私のような団塊世代の人間は、「尊敬する人は?」と聞かれたら、歴史上の偉人たちを挙げることが多かったように思います。野口英世、リンカーン、ナイチンゲールなどはその定番です。

それが、今50歳前後の新人類世代、つまり、豊かな時代に生まれ育った第一世代くらいから、尊敬する人は「両親、お母さん、お父さん」に変わっていきました。それを聞くたびに、「なんとちまちましているんだ!」と、私はいつも違和感を覚えていました。

今の日本は、歴史的に見て「どうにもならない」状況かもしれません。斜陽一途かもしれません。だからこそ、若い人ほど「大志」「ビジョン」が必要なのです。少しはそれに向かって自分を変えていくことが大切なのです。

大志に向かって自分を変えていく際に、「振り返って」「歴史的に」あこがれの人を持つことは、きわめて大切なことだと思います。

本来、誰もが歴史上の偉人に対するあこがれの気持ちをもっているものなのでしょう。だからこそ、司馬遼太郎の歴史小説がこんなにも人気なのでしょう。

私の場合、あこがれの人を5人選ぶとすれば、キリスト、マルクス、サルトル、上杉謙信、宮沢賢治です。

・キリストは2000年も前に圧政ローマに対して愛で闘った、最高にかっこいい人
・マルクスは資本主義と全面的に本気で闘い、ユートピアをイメージしたすごい人
・サルトルは弱い知識人がレジスタンスと実存哲学で強い男、闘う知識人になった
・上杉謙信は寒い三国峠を何十回も越え、70回も義戦し一度も負けなかった
・宮沢賢治は厳しい東北で農民のために、子供のために科学と文学で闘った

この5人に〝愛と正義と闘い〟を学び、今でも変わらぬあこがれを持っています。タイムスリップして5人に会いたいと本当に思っています。聞きたいことが山ほどあります。もし会えたなら、自分が大きく変化できると確信します。

4 困ったときにあこがれの5人ならどうするか考えてみる

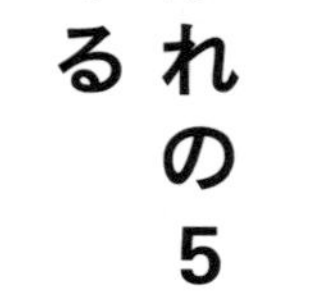

どんなに苦しいときも、殺されるときでも、「自分はどんな人とも愛でつながっている」と、キリストは確信していたのではないだろうか。

どんなに迫害されて貧乏でも、「自分はこの資本主義社会という代物と闘うんだ」という意識で、マルクスは一生を終えた。

「ささやかなオンリーワンの実存を、歴史に準じるオンリー・ナンバーワンの歴史的実存にまで高めた」サルトルは、ノーベル賞をも拒否した。

「一生あげて正義の闘いにチャレンジし続けたドン・キホーテ」上杉謙信は、毘沙門天と向き合い答えを出してきた。

宮沢賢治はあまりに有名な「雨ニモマケズ、風ニモマケズ」で多くの普通の人々とともに生き続けて、結局は早く死んでいった。

20歳のときから40年余、この5人にいろいろ聴きながら、学びながら、なんとか私は生きてきました。「困ったとき、あこがれの5人ならどうするか」と考え、教えを乞うてきたのです。

私たち普通の人間は、生きていく上でどうしてもモデルが必要です。

そうしたモデル、つまり尊敬するのが「親」では、やはり私は「ちとさみしい」と思います。親は自分に命と愛をくれた人、その親は自分の中にきちんと生きていますから、特別に尊敬する人には、私はまったくなりません。

広い世界に打って出る、ときには闘って、少しでもましな世間にしていく上で、尊敬する人は誰かと未来志向的に捉えると、自然と「あこがれの歴史上の人物」になっていくものです。

タイムスリップしてあこがれの人に会い、自分が困ったときにモデルにすることは、前章の異空間体験をして異人に会い、異なるセンスに学び、生かすこととよく似ています。

ただし、こちらのほうが今の世相からいえば時代錯誤的、化石的ではありますが、歴史、それを創り発展させた偉人・あこがれの人に、いっぱい学びとりましょう。

5　歴史ある街を歩いて昔に想いを馳せる

旅行とも重なることですが、歴史ある街を歩いてタイムスリップすることは、誰でもやっていることでしょう。

京都やローマといった歴史ある街に人気があるのは当然ですが、そこまでいかなくても、私たちの身近にも歴史ある街はいくらでもあります。

みなさんにとっての歴史ある街はどこでしょうか？　そのどこに惹かれますか？　なぜ惹かれるのですか？

こうした問いを持ちつつ、タイムスリップ気分で古い街を歩いてみるのは、自分を知る上で意味あることです。

私がはじめて歴史ある街を歩いてタイムスリップしたのは、昭和45年の法隆寺界隈でした。法隆寺の入口近くで「カルメラ」を売っていた老人が忘れられません。当時は牧歌的だった法隆寺とその界隈は、法隆寺五重塔の凛とした佇まいに象徴される、私の日本の故郷でした。大学では社会学を勉強した私ですが、理系なら建築にいこうと思うくらい、古い建物に惹かれていました。

法隆寺は日本人の心の故郷であり、私にとっては社会人船出の際の旅で出会った存在です。こうした二重の意味で、タイムスリップの対象です。

自分にとっての歴史ある街とは、そうたくさんはないのかもしれません。その街の雰囲気やシンボリックな何かに惹かれるのでしょうが、なぜ惹かれるのかは、幼少年期の原体験や原風景のイメージとも関係しているのではないでしょうか。歴史ある街の何かが私たちの心の中に迫ってくるのも、タイムスリップのよいところです。

再度、しつこく書きますが、昭和45年の夏の法隆寺界隈は、子供のころに刷り込まれた聖徳太子を感じたい私を感動させました。夏の日差しの中、観光客は私一人。カルメラの茶色と道の茶色と五重の塔の灰茶色の絶妙のバランスが忘れられません。幼少年期の長崎の暑い夏の石畳道のかがやく灰色と、灰色の教会の気高さとが重なるからです。

6 ことわざや四文字熟語で昔の人の心を知る

昔を知るには、さまざまな方法があって、そのやり方が多いほど楽しく、幅広くなります。「ことわざや四文字熟語で昔の人の心を知る」ことも、いわばひとつのタイムスリップです。

この本でも、これまでたくさんのことわざや四文字熟語を使ってきました。それは、ことわざや四文字熟語から、昔の人の心を感じ取ったり、知恵を学ぶことができるからです。

私が「昔の人は賢い」ということを知ったのは、小学校の図書館や、明治生まれの大叔母との会話を通してなど、小学生の頃でした。高校時代の漢文の授業で一番心惹かれた言葉が「温故知新」でした。

ことわざも小学校の先生の話やことわざカルタから学びました。

いつの時代にあっても、日々、自分を変えていかなければ生きていけませんが、そうした自己革新をするにあたって最適・最高のやり方は「温故知新」だと思います。温故知新とは、故きを温ねて新しきを知る、つまりは**歴史を知り、時流を捉え、流行に流されず、たんたんと自己革新していくことそのもの**です。

それは死ぬまで続く人の道だと思います。

いくつになっても輝く人、いきいきしている人は、意識的にせよ、無意識的にせよ、温故知新を実行しているのです。私の商売の師である船井幸雄の言葉を借りると、「時流適応力相応一番主義」と言い換えられるかもしれません。

私も余命20年（?）、そうやって生き続けられたら幸せです。

みなさんもぜひ、ことわざや四文字熟語も使ってタイムスリップしてください。

ことわざや四文字熟語には、中国や日本の、何千年もの知恵がつまっていますから、何百ものことわざや四文字熟語の中に、必ず自分の人生のスローガン、あるいは盲点が見つかります。

不勉強で未熟者の自分など及ばない、賢い時代の知恵が、いっぱいいっぱいあります。

温故知新のメソッドは、みなさんのまわりにたくさん存在しています。

7 絵、音楽、文学で昔の人の心を深めてみる

64ページでは、映画や演劇という身近な異空間にひたることの大切さをお伝えしました。これを時間、つまり異時間に置き換えると、「絵、音楽、文学で昔の人の心を深めてみる」ということになります。

たとえば、『鳥獣戯画』は世界初の漫画です。室町時代の「能」は世界で最もシンプルな演劇です。『源氏物語』は世界有数の長編恋愛文学です。『万葉集』の歌は、実質上は音楽です。「相撲」は『日本書紀』に登場する野見宿祢《のみのすくね》以来の古いスポーツです。

いずれも芸術・スポーツの各分野の起源ですから、これらに触れて「温故知新」することは、自己革新につながります。

なぜ、昔のものに触れると、自己革新につながるのでしょうか？ それは、**昔の人、私たちの先祖に感情移入すると、自分のなりたち、地層を掘っていくことになって、結果的に自分を発見することになります。**

それが将来のベクトル、自分が進むべき道を指し示すことにもつながるのです。

その最たるもののひとつが、昭和51年発行の、小林秀雄の『本居宣長』です。小林秀雄は脳科学者茂木健一郎も尊敬する昭和の知性の一人です。

『源氏物語』に徹底的に感情移入して研究した江戸の天才・本居宣長に、さらに感情移入して研究し尽くしたのが小林秀雄です。小林はこう論じています。

「宣長は、『源氏』を研究したというより、『源氏』によって開眼した」（『本居宣長（上）』新潮文庫・P140）
「『土佐日記』という、王朝仮名文の誕生のうちに現れた『もの、あはれ』という片言は、『源氏』に至って、驚くほどの豊かな実を結んだ」（同p141）
「自己を過去に投入する悦びが、期せずして、自己を形成し直す所以となっていた」（同p121）

紫式部→本居宣長→小林秀雄→宮内亨と、平安時代から今に、たしかなつながりがあるのです。宮内亨だけが余分ですが、気持ちだけ汲んでやってください。

8 自分の趣味、好きな商品で昔に遡る

先に触れた小林秀雄は、私たち団塊世代の大学受験の国語出題数ナンバーワンの人であり、私もそこから小林秀雄という人を知りました。小林秀雄の本をいろいろ読んでいくうちに、彼の人生の大業『本居宣長』を読むまでになりました。

そこではじめて、本居宣長が『源氏物語』にとことん感情移入して関わり、「もののあはれ」を探求し尽くしたということを知りました。

私の場合、『万葉集』『日本書紀』から平成の口語文まで1300年間の日本の言葉を研究するのが趣味ですから、「宮内亭→小林秀雄→本居宣長→紫式部」と、自分の趣味を通じて昔に遡ったわけです。

こういったことは、実は誰でも無意識的にやっていることでしょう。

自分の趣味や好きな商品をコレクションし、味わっていくことは、当然、過去へと向かっ

ていくことになります。

「なんでも鑑定団」が人気長寿番組なのも、頷けます。きっと誰もが、楽しみつつ自分のルーツ探しをやっているのだと思います。

「自分って、なんだ？」、誰だってそれを探し求めているのかもしれません。

自分の好きな商品で遡っていくことも同じで、それは、自分のルーツに行き着きます。それだけでなく、自分の仕事のマーケティングにも役立ちます。

そうした、遡ることを「遡行」といって、サケの川昇りと同じかもしれません。

この「遡行」こそ、人間が生きていくひとつの姿といえます。

現代日本の知性の一人である柄谷行人の『内省と遡行』も40歳からの私の大きな指針となりました。

ぜひとも20歳は20歳なりに、もちろん30代、40代の方も「内省と遡行」のために働き、日記をつけ、旅をして、タイムスリップしてみてください。

9 自分の中にある歴史を感じとる

昔から「男の厄は42歳、女の厄は33歳」と言われています。この厄を過ぎたあたりから「自分の中にある歴史を感じとりたい」と、誰でも考えるようになるものです。

これは、「個体発生は系統発生を繰り返す」という法則からも立証できると言えるでしょう。個体発生、つまり私たち一人ひとりの一生・ライフサイクルは、系統発生、つまり人類の歴史を繰り返すということです。

左の図を見てください。時代区分と本質区分を組み合わせれば、「縄文」は人の上に自然があるのに対して、平成の今は、人が自然をコントロールし、守る時代になったということです。「個体発生は系統発生を繰り返す」「系統発生が個体発生に重なっていく」つまり「自分の中にある歴史を感じとる」とは、そういうことです。人間は本来、「自分の中にある歴史を感じとる」存在なのに、今が必ずしもそうなっていないのは、一時的な時代状況にすぎません。流行より時流、時流から歴史へと、自分を深め高めていきましょう。

人間が生まれてから死ぬまでのライフサイクル（個体発生）	本質区分（系統発生）	時代区分
母なる自然・神 ⇩ 絶対的両親下での子供時代 ⇩ 親・兄弟・先生・近所の人といった領主とも闘う学生青年時代 ⇩ 資本と闘う社会人・青年時代 ⇩ 経営にもタッチする中年時代 ⇩ 自分の上に自分しかない死に向かう熟年時代 ⇩ 自然にもどる	$\frac{自然}{人}$ ⇩ $\frac{神}{人}$ ⇩ $\frac{大王}{人}$ ⇩ $\frac{領主}{人}$ ⇩ $\frac{資本}{人}$ ⇩ $\frac{経営}{人}$ ⇩ $\frac{人}{人}$ ⇩ $\frac{人}{自然}$	縄文 ⇩ 弥生 ⇩ 飛鳥 ⇩ 奈良 ⇩ 平安 ⇩ 鎌倉 ⇩ 室町 ⇩ 江戸 ⇩ 明治 ⇩ 大正 ⇩ 昭和 ⇩ 平成

$\frac{A}{人}$ は「人」の上に「A」があるという意味

10 年をとるほどタイムスリップで隔新していく

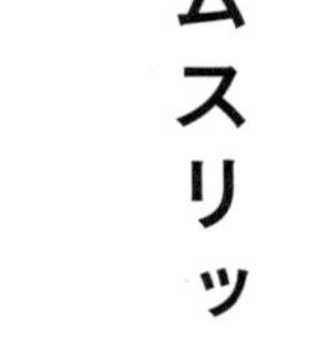

私たちは誰でも、少年期（子供期）は、母なる自然や絶対的存在である両親の下、「わけがわからないカオス状態」にあります。子供にとっては夢と現実がボーダレスであり、わざわざ過去を振り返る必要がありません。

続く青年期は、親・兄弟・先生・近所の人といった領主と闘う学生青年時代と、「儲けが自己目的の」資本と闘う社会人青年時代にわけられます。いずれにしても、現実の厳しさと闘い模索する渦中にあるので、過去を振り返る余裕もないでしょう。

中年期は経営にもタッチし、かなり昇りつめた状態になりますから、人生そのものも「振り返る」、タイムスリップしたくなるのです。折に触れて、現在から隔てられた過去を振り返る、いわば隔新しないことには、俗物的でいやらしい中年になってしまうかもしれません。

熟年期は、失うものは何もない死に向かう存在であるがゆえに、生理的にも、自分の上に自分しかいません。だから必然的に回帰・遡行・タイムスリップしていくことになります。

きちんと回帰して文化的にも生理的にも「自分の上に自分しかいない」オンリー・ナンバーワンとして死んでいくのは幸せなことでしょう。

「年をとるほどタイムスリップで隔新していく」というのは、人間の必然でもあったのです。

平成という今の時代は、人間になぞらえると熟年期と言えるでしょう。そうした平成時代は、「妥当」「本当」「正当」「順当」といった「○当」という文字の使用頻度が、私の文献データベースによると、ここ1300年間で一番多い時代となっています。

平成の今、まさに熟年期が「該当」する時代です。文化的にも自分の上に自分しかいない「本当」でなければなりません。そのためにも回帰、タイムスリップするのが「順当」なのです。そしてオンリー・ナンバーワンとして「正当」でなければなりません。それこそまさに「本当」のことだと思います。

〝本当の時代〟が、今の平成と、やがてくる時代なのです。一人ひとりがオンリー・ナンバーワンとして本当の自分になる時代なのです。

CHAPTER 5

自分が育ってきた環境を振り返ってみる

育ちを振り返って自分を確新する

1　母から学んだことを思い出す

「母は偉大だ」「女は弱し、母は強し」「母は故郷」「鬼子母神」——母に対する言いようはいろいろあります。

みなさんにとって、お母さんとはなんですか？　それは取りも直さず「母から学んだことは何か？」を明らかにすることです。

私は人を理解するときに、このことをきわめて重視しているので、「お母さんから何を学びましたか？」と、これまで1万人以上に聞いてきました。

返ってきた答えで多いのは

「人に迷惑をかけないこと」「明るく前向きでいること」「楽しくいきいきとすること」「愛とやさしさ」

でした。

母はわが子に「善」や「愛」をベースにした生き方を教える存在のようです。

それも当然のことでしょう。

子の育ちを支えるのは、生理的にも文化的にも母親であるからです。生きていく上でまず大切なことは、「人に迷惑をかけない明るい前向きさ」で、「他人とともにきちんと生きていける子になってほしい」と、母は育て上げていくものでしょう。

母の育て方、母からの育ちこそ、自分そのものになっていくのだと思います。

そのように生きていくのが子供だと思います。

大人になってからも母に育てられたままに生きていくのですが、それはあまりにも当たり前のことで、普段は意識することもありません。

その母の育て方、母からもらったものを忘れずに、より発展させて生きるのが自然であり、幸せなことです。

いつもいつでも、「母から学んだこと」を忘れずに、発展させて生きていきたいものです。

それが、自分が育ってきた環境を振り返るときの原点です。

誰でも母から生まれました。

母こそ、人にとってすべての原点なのです。

2　父から学んだことも思い出す

母から学んだことを思い出したなら、次は父から学んだことについて思い返してみましょう。

「女でないと子は育たない」と言われますが、父だけではちと難しいというのは、一理あります。

人の育ちにとって、まず一番大切なのは「生理的母性」です。おっぱいをもらって愛されること、これが第一。

それがあって、あくまでその次に「生理的父性」が登場します。持続的に食糧とミルク代を稼いできて妻子を守ること、これこそ父性です。

人は母からやさしさを、父から強さをもらえれば生きていけます。

では、その父から学んだことは何か？　意外とこれが、母から学んだことと比べたら出てこないのです。

食糧やミルク代を稼ぐという経済を担うのが父親であって、そのためにいつも子の近くにいられるわけではないし、父性は押しつけ的にもなるので、反発される、とも言えるでしょう。それはそれとして、「母から学んだこと」と「父から学んだこと」の掛け算として、両親から学んだことを一体的に捉えておく必要があります。

少し誤解を与える表現ですが、私は「親は選べない」「親の資質・能力で子も決まる」「子は親の犠牲者」と考えます。

それだけ親の資質と育て方で子は決まってしまうということなのです。

ですから育てられた子供の側からすれば、**自分が親からどのように育てられたのかを見つめ直し、親の影響を相対化、客観化することが大切**だと思うのです。

大学に行く理由のひとつはそこにあると私は思いますが、「親を尊敬する」風潮が強い今の若い子は、親の相対化があまりできません。

だからこそ、育てられた「子」は、あえて自分の育ちを捉えることが大切だと思います。

3 兄弟姉妹の中で自分のポジションを考える

母、父について考えたなら、次は兄弟姉妹です。

自分は何人兄弟か？　その何番目か？　男女の構成は？

こうした、兄弟の中のポジショニングも、育ちの一要素となります。

社会通念的にも「長男の甚六」「次男のバランス感覚」「末っ子の甘えん坊」と言われます。

さらには、男と女の構成による違いも大きいでしょう。

・男ばかりの兄弟

・女ばかりの姉妹

・男女ミックスとそのポジション

自分の兄弟姉妹の構成とポジションを考えることも、育ちを振り返る上でのポイントです。

・男ばかりだと男の闘いで喧嘩早くハードになる

・女ばかりだと女の気晴らしで楽しくソフトになる
・女の中で育った男は女へのあこがれが少ない
・男の中で育った女はデリカシーに少し欠ける
兄弟の中のポジショニングからくる自分の特徴を知っていれば、他の人のそれも見えてきて、より深く他人といい関係が築けると思います。

それなのにこの日本という国では、母との関係は重視されるのに、父、とりわけ兄弟姉妹との関係は明確化されていません。

なぜでしょうか？　社会学を勉強してきた私は、次のような原因を感じています。日本では昔から、「人対人」のリアルな関係の視点が欠けています。少し専門的に言うと、人対人の「構造主義的視点」に欠けるのです。違う言い方をすると、縦の関係の視点が強く、横の関係の視点が弱いのではないか？　とも言えるかもしれません。

誰だって、自分の育ちに兄弟構成は大きく関わってきています。真の自分を知ること――〝自己確信〟するために、兄弟構成と人格の関係を、まず自分や妻、友で考えてみるといいと思います。

4　わが子を見てわが身を振り直す

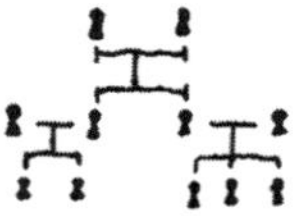

結婚して子供ができたら、自分が両親に育ててもらったことを、今度は自分が親となってやる番です。

3日、1ヶ月、3ヶ月、一年、二年、三年、そして幼稚園、小学校と成長していきます。親になるとは、そうしたわが子の成長を見て、わが身を振り直すことができることを意味します。

通常、わが身を振り直す、回帰するといったことは、日常の多忙さに追われて、なかなかできるものではありません。**「わが身を振り直す」きっかけとなる相手、対象がどうしても必要**なのです。

その対象のひとつが、わが子です。

こうした対象から学ぶことを「反照規定」と言います。その対象が反射的に何かを教えてくれて、規定してくれるという意味で、日本の哲学者、廣松渉先生が言われたものです。

・やたらとよく泣く　↓「お前もそうだった」と親から言われる

・言葉が遅い　↓「自分とは違う？」

・顔が女房に似ていたのが、自分に似てきた　↓「そういえばお袋に似ている？」

・動きが活発　↓「まさに自分似だ」

こうしたことを、どんな人も親になってはじめて振り返るものでしょう。

対象となるのはわが子に限らず、どんなものでも当てはまるものですが、わが子を見てわが身を振り直すケースが、一番多く学べるのです。子は自分の分身だからでしょう。

男は子供が生まれて成長するときが一番、仕事も含めて成長すると言われるのは、こうした理由があるからです。

どんな対象・相手も鏡、反照規定になり得るのですが、少なくとも「わが子」からはいっぱい学ぶべきです。

日々、自分を少しずつでも変えていき、マンネリに陥らないようにするには、反照規定として学べる対象・相手をどのくらい持てるかによります。

5 自分の青春時代の時代精神を捉える

自分の生きた時代をも鏡、反照規定として相対化することについて考えてみましょう。自分の青春時代の時代精神を捉えるためには、少し訓練が必要です。

青春時代を、高校時代から結婚するくらいまでの10年余りとします。一般的に、一時代の一単位は12年、東洋では干支、西洋ではジェネレーションで、先の10年余りとマッチします。その青春時代に自分が遭遇した「時代の心」が時代精神と言われ、自分に大きな影響を与えます。

時代が私たちを育ててくれるとも言えます。私たちは時代の産物なんです。誰もこれからは逃げられませんから、それを逆手にとって利用することです。

母も父も姉も、そして弟もそうやって生きてきたし、これからも生きていくのです。子供も孫もこれからそうやって生きていくのです。

「青春時代の時代精神」を中心に、少し広げて25年とか30年と見れば、「明治」「大正」「昭和」「平成」という時代ともマッチしていきます。

・明治時代＝「引立て・引上って」自力でがんばり時代をつくる時代精神
・大正時代＝「仕分け・仕通す」権利を主張してロマンある時代精神
・昭和時代＝「立ち合い・やり切る」右肩上がり民主主義を謳歌した時代精神（私もその一人）
・平成時代＝「取り込み・振り返る」資本主義末期の悩める時代精神（今の若者は辛い！）

「自分の青春時代の時代精神を捉える」作業は、広く深いものです。単なる流行的な捉え方とはまったく異質です。流行は、ネクタイの巾やヘアスタイルのように、ただ生きていればわかる表面的な変化のことです。これに対して、時代精神は、流行ではなく「生きてきた12年」という時流です。

英語にすると「トレンド」と一緒くたにされてしまいますが、流行ではなく、時流として自分の鏡にしてこそ、自己革新につながるのだとも言えます。

6　自分の故郷の風土精神を捉える

前の項目は、自分が育った環境を「時間」で捉える方法でした。次に、自分が育った環境を「空間」で捉えてみましょう。

誰でも故郷を持っているわけですが、この、「どこで生まれて、どこで育つか」が、自分という人間を形作ると言えるでしょう。

○○県△△市（町）という故郷には、独自のながい歴史で育まれてきた風土というものがあります。この風土の精神が、また自分に大きな影響を与えるのです。

自分の故郷、自分の県をも反照規定として活用することです。反照規定とするには、自分の育った場所と時間を認識しなければなりませんから、自ずと自分の「育ち」がわかります。そうして自分の育ちを捉えることで、自分を新たにしていけるものなのです。

自分の故郷を少し広げて、都道府県として見れば、またいろいろなことがわかってきます。

東北とか九州とかの道州制の中の県で見れば、必ず中心県があり、「中心」「周辺」にわかれます（関東は東京が中心で、山梨が周辺のひとつ）。こうした中心は、勝手に揶揄して周辺県をつくり、周辺県は中心県に対して劣等感を抱きます。

現在の都道府県の形になって明治以降150年近く、風土精神としての「県民性」があります。

もちろん、県の中、市の中でも中心と周辺、優越と劣等は存在します。

みなさんも自分にあてはめてみてください。いろんなことがわかってきませんか？

結婚するということは、二つの風土精神が掛け算することであって、新たにひとつの相乗文化が生まれ、それが子供に影響を与えていくのです。

自分の故郷の風土精神を、「うさぎ追いしかの山」と懐かしがっているだけでは足りません。**自分自身を形作った風土精神を捉え切ることが、自分を知り、自分を変えていくことにつながる**のです。

7 両親の出会いから自分が生まれるまでを知る

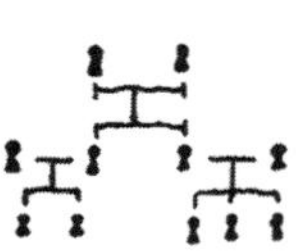

自分の育った環境を知るには、「両親の出会いから自分が生まれるまで」を知ることも欠かせません。みなさんもすぐ、親が元気な間にやってみてください。

私の場合、18歳の浪人中に、母に取材して次のようなことを知りました。

・長崎生まれ長崎育ちの両親が、上海で戦争前に見合いで出会って結婚した

・父はデート中はかっこいい青年だったが、結婚すると、義理の姑に気を遣い、たまに母をなぐる男であった

・やがて太平洋戦争がはじまり、父は戦地へ。兄である長男が昭和19年に生まれ、私が戦後の昭和21年に生まれた

・昭和21年10月生まれだから、昭和21年1月頃に上海で仕込まれたことになる。時、敗戦中の上海日本人町で不安な日々だった。治安が悪く、毎日外で人の悲鳴が聞こえたという

・一度中国人の賊が二人入ってきて、銃で必死になって身重の妻を（私を）守ったという
・そして昭和21年5月、身重5ヶ月で博多に引き上げてきた。でっかい大麦ばっかり食べさせられたという。そして昭和21年10月に生まれるまで、長崎の坂をバケツの水を何度も何度も運んだという。流産しかかったこともあったと聞いた

これだけのことで、どれだけの自己発見ができるでしょうか？

なぜ、私はいつも落ちていく夢をみるのか？　なぜ、いつも、いつでも不安でたまらないのか？　それは、母体の不安そのものが胎教で私に乗り移ったからだ。

両親の出会いから自分が生まれるまでを知ることによって、自分の〝三つ子の魂〟がわかるのです。

男と女の出会いから、その後のすべてが決まります。そうして、**自分の三つ子の魂がわかれば、自分のルーツがわかったようなもので、三つ子の魂のままに生きていけば、自分らしく自然に生きられる**のです。

8　妻（夫）を通して自分を知る

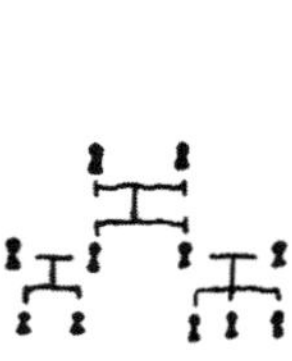

私は子供の頃から、一夫一婦制を疑って生きていました。

と言うのも、私の出身地、長崎では、甲斐性のある大人の男には女性が数人いて、友達にも二号さんの子供がいたからです。

周囲がそうした状況だったものですから、自分の親父が家庭を大切にして、そのおかげで成長できたのに、公務員の親父には「男のロマン」が足らないと勝手に思っていました。

そんな私が、なんとかかんとかここまで生きてこられたのは、妻を通して、精一杯、自分を知ろうと努めてきたからだと思います。

男にとって誰でもそうですが、妻が最高の反照規定だったのです。

みなさんだって、いっぱい思いつくことでしょう。

なぜこの人を好きになったのか、そして結婚したのか？　よく言われるように、外面的には「少しお袋に似ている」。これです。

しかし、似ているだけでは結婚しません。**親、お袋が満足させてくれなかった〝サムシング〟を与えてくれて、自分を充足させてくれる人だから結婚した**のでしょう。もちろん、まじめとか前向きとか明るいなんて、当たり前のことです。女からみた結婚相手の男も、同じだと思います。

今のように、4組に1組が離婚する時代というのは、妻（夫）を通して自分を知るトレーニングができていないのでしょう（恋愛時代はそのトレーニングなのにね）。

こうしたことは、仕事だけでは学べません。仕事がうまくいっているからといって、妻（夫）を通してきちんと自分を理解できているとも限りません。

一方で、人生20年、30年という長期スパンで見れば、仕事のできる男は必ず妻に学んでいます。妻を畏敬しています。

三蔵法師の掌で暴れまわる孫悟空のように、妻のサポートがあって生きられる、それが男なのです。

男にとって最も自己革新させてくれるのは妻で、女にとってのそれは夫です。この世の中で、夫婦仲が一番始元的に大切なのです。

9 育ちとDNAの違いを考える

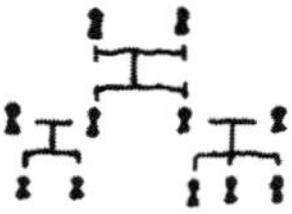

この章では、自分が育ってきた環境を、さまざまなものを通して振り返ってきました。納得する点があったのなら、ぜひ、試してみてください。

そうしていくうちに、どうしても次のことにぶつかるでしょう。

「育ちとDNAの違い」、これです。

昔から「氏より育ち」とも言います。「DNA」は先祖、親からもらった本質にあたるもので、一方の「育ち」も親からもらった外皮、形態です。「DNA」と「育ち」の境界、違いはどこにあるのでしょうか?

結論から言えば、私もよくわかりません。わかりませんが、次のようなことは言えると思います。

・DNAは細胞レベルで性格・気質となる

・育ちは外皮レベルで態度・姿勢である

・ＤＮＡも育ちも主に母親がくれた

だからこそ、母親を反照規定として自己相対化、自己総体化せざるを得ないのです。

こうして自分というもの、人間というものを、「育ち↓ＤＮＡ」と遡行し、また「ＤＮＡ↓育ち」と前進して発見していけるのです。両方の本質的違いはわからなくとも、育ちとＤＮＡを行きつ戻りつすることによって、自分を新しくしていくことができるのです。

そうして、自分と相手との感情移入、自分と相手との論理交換、自分と相手との一体化、という人間関係の構造・しくみが見えてくるのです。

人間関係の真理が見えてくれば、仕事でも家庭でもうまくいきます。そうして仕事を獲得し、生活をも獲得できるのです。

ＤＮＡは変えられませんが、これから自分がどう育つかによって、発展させることはできます。自分育てによって、自分とＤＮＡとの関係の仕方も変えられます。

育ち・実存は、ＤＮＡ・本質に先立つのです。

10 自分の育ちを確実に確・新する

高校のころ、奈良女子大の岡潔先生の「日々是好日」に、ほのぼのとした日常の真理を感じました。大学時代には、哲学者の竹内芳郎先生の日常的体験の哲学に出会って、発見・成長していく日常を学びました。その後、社会人として働いて40年以上、「売ることは生きることに先立つ」という日常的受苦と闘いながら、少しずつ、少しずつ幸せになっていく毎日でした。

毎日の日常の中で、自分の育ちを確実に捉え、革新する、いわば確・新して生きることが大切です。それがここまで「生き金にしよう」「書くことで自己主張しよう」「異空間に学ぼう」「タイムスリップしよう」と説明してきて、「育ちを振り返る」というところにまで、くることができたのでした。

・自分の育ちを振り返る
・妻とともにお互いやってみる

・子供にも思いを託してみる
・両親とも語り合ってみる
・時代という歴史も考えてみる
育ちを確新するために、やることはいっぱいありますね。

みなさんも、これらのことをやってみてください。まずは、毎日、日記をつけてみてください。それこそ箇条書きでいいですから。

私たちが生きる今の社会にあっては、どうしても資本や売上に翻弄されるからこそ、それに埋没しない、ささやかでも独自の営みを、毎日毎日、自分のためにやってほしいのです。

ブログで人気を得ようだなんて、失礼な言い方ですが、資本や世評に迎合してますよ。

自分の育ちを確新するという日常的な精神作用は、しなくても生きてはいけますが、したほうが賢くベターな生き方ができます。

そして、もうひとつ具体的なやり方をつけ足して、この章を閉じます。

中学時代に好きだった二科目を思い出してください。その科目のメソッド（方法論）こそ、自分の問題意識・センスなのです。それは「DNA×育ち」で養成されたものなのです。二科目に表われ出た育ちやセンス、これも自分なのです。

CHAPTER 6

自分のルーツについて考えてみる

DNAに迫って、自分を核新する

1　血液型から自分を考えてみる

自分が育ってきた環境について考えたなら、さらに根源をたどってみましょう。ルーツを遡っていくと、自分の「ＤＮＡ」、つまり自分の「核」にたどり着くことでしょう。私はＤＮＡそのものを研究したこともないし、難しい分子生物学の方程式なんて、まったくもってわかりません。しかし、「素人の素直さ」こそ、ＤＮＡに肉迫できると確信しています。

なぜなら私は、自分と向き合って必死で懸命に生きてきたからです。学問として学んでいなくとも、リアルな感性でわかることはあると思っています。

ＤＮＡ、核を知る第一歩として、血液型について考えてみましょう。

経営コンサルタント歴30年以上、１８００社とのおつき合い、８万人の方々との触れ合いから、血液型に関して次のことがわかりました。

・Ａ型のスタンスは「自分があって相手がある」

・O型のスタンスは「相手があって自分がある」
・B型のスタンスは「自分と相手がある。それを上から視点で捉えている」
・AB型はA型とB型が混ざっている。このため、「AとBの両方で二刀流の生き方」

A型が「細かい、相手に配慮する、ナンバー2に向いている」と言われるのは、「自分があって相手がある」自己志向だから、まずは自分のために細くなる、配慮をする、そうしてナンバー2をめざすのです。

O型が「外向的、人当たりがよい、気の遣いすぎで自分がない」と言われるのは、「相手があって自分がある」他者志向だからそうなるのです。

B型が「何を考えているかよくわからない。自分勝手」と言われるのは、「自分と相手を上から捉えている」第三者的スタンスだからです。ですから経営者向きとも言われます。

AB型はすでに触れたように、自己志向、他者志向、いずれの性質も持ちますから、混ざった中途半端な対応でなく、AとBの二刀流で多面的に生きるべきです。

血液型を通して人を考えることは、常識論以上に科学的であって、人の本質を考える際に有用なものです。

2 「中学時代の好きな教科二科目」から考えてみる

5章の終わりに「中学時代の好きな二科目」からアプローチする方法に触れました。この手法も、自分の核に迫るのに有効です。DNAとは存在の仕方、感じ方、捉え方といった〝存在被抱束性〟のことで、それは中学時代の好きな二科目に表われるからです。

小学生では早すぎで高校生では遅すぎます。というのも、15歳というのは、昔の人が元服する年齢で、生理的に大人になる時期です。**この歳のセンス、問題意識が大切なのです。**

各教科の特徴を私なりにまとめると、次のようになります。

・数学↓論理的で内向き的
・理科↓論理的で外向き的
・国語↓感覚的で内向き的
・社会↓感覚的で外向き的
・美術↓アート的で内向き的

・音楽↓アート的で外向き的
・体育↓身体的で内向き的
・英語↓身体的で外向き的

こうした常識的な捉え方を二科目で組み合わせれば、相当深いものになります。論理的か感覚的か、アート的か身体的か、これは母親の中で胎児として育つ中で、母親からへそを通して遺伝していっている、内向き的か外向き的かも、母親が妊婦のときの状態が大きく影響しているのだと思います。

私などは、流産されそうで必死で内向きに自分を守ったのでしょう。

胎教が非常に大切だと言われるのは、もっともなことだと思います。胎教の影響研究は専門家に任せるとして、私が言いたいのは「中学時代の好きな二科目から考えてみること」を意図的にやっている人がほとんどいない、もしこれを意図的にやって生かせたら、もっともっと自分を成長させられるということです。

現代人は知識ばかりで智恵がないとも言われます。「自分が幸せになる自分のためになる知識」が智恵であり、中学時代のセンスから人の本質に迫るようなことも含めて、智恵なのです。

3 自分の長所から自分の核に近づく

長所を伸ばす、強みを伸ばす、いわゆる「長所伸展法」は、今では当たり前の手法と言えます。子供、青年という、人が若くて未熟なときには、長所を伸ばすことは特に大切です。ＤＮＡが発展する時期には、長所伸展法が合うのでしょう。

若いときは、ひたすら長所を伸ばすことで、自らのＤＮＡを全面開花させるべきです。

そうして長所を伸ばすことを追求すると、英才教育につながっていくでしょう。幼い時期に進むべき道を決め、その技能の習得のためにスパルタ式に教育することに関しては、賛否両論あるでしょうが、目的・目標が適性ならば、私は英才教育は正しいと思います。

今の若い人が就活やら婚活で振り回されているのは、何事もシステムで解決せざるを得ない今の時流、流行の一端を表わしていますが、それだけでなく、本人が「己を知らない」「大学時代に自分を問い直していない」ことの証拠でもあります。長所を伸ばし、強みを伸ばし、そこから「自分の核に近づく」ことができていないからなのです。そういう教育も受けてい

ないのです。

私は小学校5年生のとき、K先生から「宮内、お前は今のままでいいよ」と言われました。生まれてはじめて「自分の全存在（実存）を受け入れてくれた」と感じさせてくれた、かっこいい25歳の先生に、DNAをビンビン震わされました。

そうした、自分のDNAが目覚めるような経験を「覚醒」といって、ベルクソンという哲学者が詳細に研究しました。先に触れた「中学時代の好きな二科目」とは、私たちのDNAを震わせた分野です。つまり、中学時代に誰でも覚醒したことがあるのに、単なる学校の勉強、と捉えてしまって、自覚していないのです。想像するに、ゲーテという天才は死ぬまでDNA覚醒の一生だったのではないでしょうか。

長所を伸展することは誰にとっても大切ですから、人にほめられて、それがお世辞でないのなら、まずは素直に喜びましょう。そして、その根拠、理由を問うてみましょう。今の若い人は**「ありがとう」と言って終わりにしがちですが、それでは少しも深められません。ほめられたことの根拠を探って、感覚的、内面的に自問自答して覚醒するのです。**

恋愛だけでの覚醒ならば、動物となんら変わりません。常に自分を磨き、高めながら生きていれば、覚醒も起こってきます。

4 「厄年は人生の一大転換点」と考える

みなさんは「厄年」を意識することがあるでしょうか？　今や死語ともいえる言葉かもしれませんが、男42歳、女33歳で人生の転換点を迎えるという、昔から言われてきたことです。人生が50年ちょっとだった頃の考え方ですが、これを人生80年の今にもそのまま当てはめ、「厄年は人生の一大転換点」と捉えて、自分の人生に生かしたほうがいいでしょう。

そもそも厄年とは、体力的・生理的な一大転換点を意味していましたが、人生80年時代の私たちにとっては、体力的・生理的な面として捉えるだけでは不十分で、文化的にも自分を転換する必要があります。

ＤＮＡとは、体力的・生理的なものだけではありません。文化的ＤＮＡもあるのです。厄年を機に自分の体力的・生理的ＤＮＡを見直さなければならないのと同様に、文化的ＤＮＡも活性化していかなければ、下り坂の人生となります。

私も好き放題、精一杯生きてきたので、40歳前後の頃、生きることにかなり飽きていました。同じような年の経営者と「人生に飽きましたね」などと偉そうに言って、なぐさめ合っていました。

振り返ってみると、40歳前後という時期は人生の一大転換点で、体力的にも生理的にも、自分の限界に達していたのかもしれません。

それから10年余、部下を70人育て、本を25冊書き、文化的DNAを深めてきました。年収は2000万円のときもありましたし、幸せなよき人生でした。

女は子供を産んで、つまり自分の命、DNAのすべてをかけて新しいDNAをつくり出して、33歳前後で悟るのです。新しいDNAを生み出し得ない私たち男は、42歳前後で、体でやっと少しだけ悟るのでしょうね。それが男と女で厄年が10年も違う根拠でしょう。

日本経済も人口減少という転換点を過ぎて、老成化していってます。仮にこのまま日本がダメになっても、沈没しても、私たちは自力で生き残らなければなりません。

男には、新しいDNAをつくることはできませんが、新しい肉体以外はいろいろとつくり出せます。これで女に負けません。斜陽日本に負けません。

5 厄年までに自分のＤＮＡをイメージする

厄年までに自分のＤＮＡをイメージをするとは、一体どういうことだと思うでしょうか？

私の例をお伝えしましょう。

30代の私は、いわゆる「月月火水木金金」状態で、ひたすら経営コンサルタントとしての個人売上を追い求め、社内で売上トップになったこともありました。それから約10年の間に、くも膜下出血で倒れるんじゃないかという経験を2回ほどやり、厄年の42歳になって、自分の生理的ＤＮＡを知りました。

そして厄の頃、「部下の育成でナンバーワンになろう」「本もいっぱい書こう」という二つを、それこそ覚醒しました。

会社での出世など、どうでもよくなっていました。死とも少しは向き合い、体も昔ほど動かなくなって、自分のＤＮＡがわかったような感じでした。

私がイメージした自分のDNA、核とは、次のようなものです。

「自立した自由人の連合体（アソシエーション）で生活を豊かにして、資本と闘う」、この一点でした。学生時代からの主義である「体制内革新＝自己革新」を発展させた、42歳での発現でした。

自分のDNAをイメージするとは、
・自分のDNAに迫り切る
・逃れられない自分のDNAを捉える
・「自分の命を賭けてもいいもの＝DNA」と知る
ことです。

「自分らしい」というのは、実は自分のDNAを知ることなのです。

真に自分らしくあるためには、自己革新し続けねばなりません。

私たちが生まれたときから、当たり前のように身の回りに存在する常識——お金、口語・会話、同空間、現在、育ち——を振り返り、問い直す。そうしてやっと、オンリーワンの自分のルーツ、核にたどりつけるのです。

6 厄を越えたら欠点を改善して自分の核と向き合う

常識とは「100％普及した科学」のことですから、もう今では誰でも知っていて実行している〝現実意識〟のことです。

これに対して、超常識は〝可能意識〟といって、将来を先取りしたチャレンジのことを指します。

その常識では「長所伸展法で短所もなくなる」と思っている能天気な人が多すぎますが、とんでもない、つまらない常識です。長所の裏返しが短所、短所の裏返しが長所ですから、長所と短所はコインの表裏の関係にあります。

たとえば、私の場合、長所は「先が読める」、短所は「せっかち」です。「先が読める」から「せっかち」なのです。ここで、もし「先が読める」ばかりを伸ばしたとします。すると、ますます主知主義的なつまらない人間になっていくことでしょう。そして、ますます他の人が見えない「せっかち」が先鋭化していくことでしょう。

真実は「対立物が統一した有機的一体」にあるわけで、一方がなくなったり、大きくなると、片方もなくなるのです。南極がなくなれば北極もないし、田舎がなくなれば都会もなく、男がなくなれば女もなくなるのです。


私たちが超常識的に、将来を先取りしたチャレンジをしていくならば、「厄年を過ぎた後は、欠点を改善していくことで、自分の核と向き合う」ことが必要となってくるのです。

私が短所の「せっかち」を直すことができれば、もっともっと多くの人の声が聴け、「先が読める」ようになります。**短所を改善すれば、長所も生きてくる**のです。

「長所伸展で短所がなくなる」という捉え方が頭の中のくだらぬ幻想であるのに対して、「短所改善すれば長所も生きてくる」は、人間を「情×理」、「感性×論理」で捉えた、弁証法的思考です。

年をとるほど、短所を改善して自分のDNAと向き合う内省的、遡行的生き方をしなければなりません。

7 長所伸展でＤＮＡを発見し、短所改善でＤＮＡに挑戦する

若いうちはひたすらやりたいことをやって前進して、結果的に長所を伸展するというのは、妥当なやり方です。

ささやかなことでも、成功する、報われるといった経験がないと、長所もわからないからです。長所は他者からの高評価の積み上げをまとめたもの、実体化したものに他なりません。

しかし、厄年くらいを境に、遡行して結果的に短所に気づくという経験がなければ、かしこい人間とは言えないでしょう。

長所が他者からの高評価を積み上げたものであるのに対して、短所は他者からの低評価を積み上げたものです。長所だけでなく、短所も実体なわけですから、少しは意識して直さなければなりません。少しは失敗したり、むくわれないことで短所を痛感しないといけません。

長所を伸ばしていくと自分の核の発見に行き着き、短所を改善しようとすると、ＤＮＡと向き合い、自分を変えようと努力することになるのです。

少し長いスパンで考えれば、これが自己革新の実像かもしれません。

自分のルーツを考えてみることとは、自分のDNA・核を知って自分を高めていくという、いわば核・新法です。これはさまざまな自己革新作用の中で、実は一番難しいことかもしれません。DNAそのもの、核そのものに肉迫することですから、死ぬときにしか本当はわからないことかもしれません。臨死体験ってそういうものだと思います。

それはそうかもしれませんが「短所改善でDNAに挑戦」という努力はできます。若くたってできることです。

したいことをとことんやり抜いて、高評価を得たなら、自分の長所がわかり、さらに長所伸展して伸びていけます。しかし、若いがゆえに必ず壁にぶち当たり、受苦を経験し、うまくいかなくなって、悪い評価、つまり欠点に気づかざるを得なくなります。

ここで、短所改善で自分のルーツとも向き合うのです。うまくいかないとき、受苦を受けたときのほうが、人は謙虚に変われるのです。

8 厄年を過ぎたら、親を超えたか自問自答してみる

「長所伸展」は自分のＤＮＡを発見することに行き着き、「短所改善」は自分のＤＮＡと向き合い、変えようと努力することにつながる——こうしたことについてお伝えしてきました。うまくいかず、壁にぶち当たることによって、「欠点を改善しようとする」↓「自分のルーツ・ＤＮＡと向き合う」という流れをたどります。うまくいかず、なんとかしないといけないときのほうが、私たちは謙虚で素直になれるのです。とくに、厄年を過ぎて、自分の人生も見える頃には、「短所改善」が大切になります。

その年代になったら、必ず、「親を超えたかどうか」という自問自答もしてみてください。親というのは誰でも、子に「自分を超えてほしい。そして幸せになってほしい」と願っているものです。これまで育ててもらって、一人前にしてくれたお返しに、あなたが厄年を越えた頃、つまり親が70才を越えて現役を引退した頃に、ぜひ、親と比べてみてください。

もちろん、親の厄年の頃と自分とを比べるのです。比べるというのは、同じ基準でなければ、その意味はありません。なんでもいいから、自分の長所、短所を自分の生みの親と比べてみて、相対化し、総体化してみることです。

・同じ年代で、どちらが人間性で上をいっているか？
・なぜそう判断するのか？
・その判断基準は正当なのか？
・仕事の質は親と比べてどうか？
・もし上をいっているのなら、親の教育のおかげではないのか？
・「ありがたい」という素直な気持ちから、親への孝行もはじまるのではないか？

自分のルーツ、ＤＮＡは両親がくれたものです。その自分のルーツ、ＤＮＡと比較して、自分を知ることが大切です。

自分を知ることと「親を超えること」は、密接につながっています。

9 「三つ子の魂」を見出して、オンリー・ナンバーワンをめざす

自分のルーツ、ＤＮＡは、「三つ子の魂」と言い換えることができるでしょう。

一、二、三才までの赤子、幼子の感じ方、考え方は、「育ち」よりも「魂」からくるものだと思います。魂とは、その人のルーツ、ＤＮＡそのものです。

魂とは、育ちで創られたものではなく、気質、性格に近いものです。「気質→細胞→ＤＮＡ」と深まっていくもので、いずれも変えられるものではありません。

変えることはできませんが、関係の仕方は変えられます。たとえば、私のせっかちは変わりませんが、「せっかちを賢いせっかちにしよう」と捉えることはできそうです。

こうした自分の「三つ子の魂」を、厄年くらいの時期に感じ、捉えて、認識することが大切です。その上で、自分の三つ子の魂で商売する、仕事をすることが重要です（私はこれを「三つ子の魂一番商法」と名づけました）。具体的に言えば、**自分の長所、短所を一体にした**

自分そのものを精一杯生かして仕事をするということです。

逆にいえば、仕事をすることでしか、「三つ子の魂」は見えてこないのかもしれません。というのも、仕事・商売とは、人様の手段となって、人様のためになることをすることですから、仕事をすることによって、自分にできること、できないこと、自分の得手不得手がはっきりと見えてくるわけです。そうした、自分の三つ子の魂を最大限に発揮し、育て上げつつ仕事、商売していこうということです。

自分にしかない、この三つ子の魂を徹底的に発揮して、人のために役立つことをやり続けていけば、必然的に、唯一無二、かつ、一番である「オンリー・ナンバーワン」の存在になっていきます。

これを聞いて、「オンリーワンなんて、わざわざ言う必要のない、当たり前のことじゃないですか」「あなたという人は、この世でたった1人のオンリーワンじゃないですか」と言う人がいるかもしれませんが、聞いてください。

オンリーワンではなく、「オンリー・ナンバーワン」でなければなりません。あなたというオンリーワンの存在が、精一杯、自分の魂・DNAを生かして仕事をしていけば、必然的に、オンリー・ナンバーワンになっていきます。

10　自分のＤＮＡの核まで核新する

自分の性格は変わりませんが、性格とのつき合い方は変えられます。この努力をこそ、人生と言ってもいいのかもしれません。

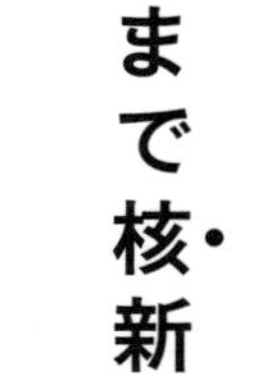

・金儲けで獲新して大人になっていく
・書く新で相対化、総体化できる大人になる
・拡新で大人の自分を空間的に広げていく
・隔新で大人の自分を時間的にも広げていく
・確新で自分の環境をしっかり振り返る

その上で、自分のＤＮＡの深部まで遡行していく（＝核新）のです。

「獲新→書く新→拡新→隔新→確新」と成長できたからこそ、核新という、自分のＤＮＡの深部まで遡行していく力をつけることができたとも言えるでしょう。

「私の性格は変わらないけれど、性格とのつき合い方を変えて、人のためにも自分のためにも幸せになろう」、こうした態度こそ核新なのです。

誰だって、性格を変えようとチャレンジして、変わらないといって悩み込むわけですが、もともと自分のDNA、性格など変わらないし、変える必要もありません。そもそもの問題設定がまちがっているのですから、その悩みに答えなどありません。

そうではなくて、**親にもらった自分のDNA、性格には長所もあれば、逆に、欠点もあるので、それを認識して、その欠点と向き合い、つき合っていくことが、すばらしい大人の生き方なのです。**

厄年を過ぎればなおのこと、こういったすばらしい大人になるために生きているようなものです。夢（＝長所）のみを追いかける若い生き方だけでは、通用しなくなる時期がきます。自己革新していく、つまりマンネリを打破して生きていくということは、自分のDNAの核まで探り当てる（核新する）ことに行き着きます。

あるDNAをもらって生まれてくることは、そのDNAを認識して死んでいくことです。

CHAPTER 7

異性について考えてみる

異性と比べて自分を較新する

1　異性は身近な異空間・異時間

異性について考えることは、非常に大切です。もっと早く検討していいテーマなのですが、7章になってしまいました。

10代後半から20代、30代と少年期、青年期の第一願望が、人にあっては異性なのも事実でしょう。

大きくいって厄前（男42歳、女33歳）の時期には、異性は自分にとって一番大切な対象かもしれません。

私たちは人間である前に生物、哺乳類で、つがいとなって子をもうけ、ともに助け合って生きていくことが、生物の定めです。オスとメスがお互いの質差を掛け合って、生かし合って永続的に累をつないでいくのです。累的存在であるというのは、人の本質です。

初恋にはじまって結婚相手まで、何人かの異性と関わって、その相手、同志、伴侶を見つけられた人は幸せです。おそらく、多くの人がその幸せを得ていることでしょう。

この身近な異質の対象、異空間、異時間の異性ほど、自分とどこかまったく違うからこそ、比較し、闘い、融合して、幸せになる相棒なのです。「異性ほど身近な異空間、異時間はない」とも言えます。

恋愛しているときは、他に比べるものもないくらい心が高揚していますし、人を成長させます。しかし、そうして結婚したとしても、今や、４組に１組は希望が絶望に変わって一度は離婚する時代です。別れるのに必要なエネルギーは膨大ですし、子供にも、その将来も含めて大きな負担と障壁を残します。

一人の男と一人の女が遭遇して、触れ合って一緒になる、つまり異空間、異時間同士の関係が多くのドラマを生んでいきます。

歴史も生活も人生も、一人の男と一人の女の関係が生み出すといっても過言ではありません。異性を通して自分を省みることは、もっともっと文化論、仕事論として論じられるべきテーマです。

2 男は女から生まれ、女も男なしには産めないと知る

男は女から生まれ、女も男なしには産めない。こうしたことがよく言われます。生物学的には当然の話ですが、ここでは文化論として考えてみようと思います。

男は厄年くらいまでには父親を超えているに越したことはありません。男は熊のいる山に柴刈りに行って稼がねばなりません。世代交代がうまくいくためにも、男は親を越えねばなりません。

しかし、いくら稼いだとしても、偉くなったとしても、生んでくれた母は超えられません。母はいつでも、どこでも、グレート・マザー、つまり偉大なのです。

その大地、畑なる母も男という種がなければ、子供、作物は生まれて育ちません。男あっての女、女あっての男であり、両者は一方だけでは成り立たない、対立物の統一、有機的一体なのです。

自己革新しマンネリ打破するには、男はもっともっと女から学び、女もさらにさらに男から学ぶことが必要です。

男と女はそれぞれ違うカルチャー・文化を持つ異人なのですから、惚れた好いたが一段落したときこそ、学び合わねばなりません。

それが賢い人間、大人だと思います。それが昔の人と比べて、われわれ現代人は劣ってきているのだと、私は考えます。

先にも述べましたが、今、離婚してしまうケースが多いのは、お互い〝学び方を学んでいない〟生物としての男と女にすぎないからです。知識はあっても、智恵はないのです。

子供が尊敬する人物として親を挙げるのも悪くはありませんが、少しチマチマしているように思います。そうなってしまうのは、すべての始元である、男と女の関係を、その二人が発展させていってないからです。それが子供に反映して、チマチマしてしまっているのです。

家族、ファミリーはかけがえのない大切なものですが、それが自己目的となって自己充足していくと、社会とのつながりが薄れることにもなるのです。

3 「恋人、妻(夫)は自分の鏡」と捉える

恋人、妻(夫)は自分の鏡である、ということから人生をスタートさせましょう。それがマンネリしない生き方にもつながっていきます。

本来、鏡というものは不思議なもので、自分をまったく逆に映し出します。だから卑弥呼の時代には霊力を持つと信じられたのです。

つまり、「自分の異性の相棒は自分の鏡だ」というのは、「自分そのものが相手」ということだけでなく、「自分とまったく逆でもある」という意味でもあります。

恋人、妻(夫)は自分の鏡だから、自分を一番映し出している、大切な大切な存在だということです。

みなさんも自分の恋人、妻(夫)のことをおもってみてください。

「まじめ、前向き、人にやさしい」という点は同じだけど、性格、個性はかなり違う。

「顔が似ている」とよく人から言われるし、そう言われればそうかもしれないけれど、考え方、センスは大分違う。

一緒に生活してみてわかったのは、生きていく態度、センスは似ているものの、箸の上げ下げレベルのこと、つまり生理的センスはまったく違うことも多い。

こうしたことに思い至るのではないでしょうか。

116ページで「妻（夫）を通して自分を知る」ことについて考えました。

118ページでは「育ちとDNAの違いを考える」ことの中で反照規定について考えました。

恋人、妻（夫）が自分の鏡であるとは、自分を映し出す反照規定だということです。

親が「過去の先輩としての反照規定」であるとすれば、恋人、妻（夫）は「未来に向かっての同僚である反照規定」と言えるでしょう。

「未来に向かっての同僚である反照規定」を持つ人は幸せです。

なぜなら、**自分を見失わずに生きていける**からです。人は一人では決して生きられません。

4 恋人、妻（夫）と自分の母（父）との違いを知る

親とパートナーという、二つの反照規定を持ち、自分を生かしてもらえる人は幸せです。

それは必然的に、「恋人、妻（夫）と自分の母（父）との違い」を知ろうとするワークをすることになってきます。比較して共通点、差異点を知るということは、他ならぬ自分を知ることになります。

たとえばこんなことに気づくことがあるかもしれません。

・妻も母もやさしいが、そのやさしさはどこか違う。この違いはなんで、どこからくるのか？
・妻も母も明るく前向きだが、どうかしたとき妻には棘があっても母にはない
・夫はどなるが、父はどならない。でも生活力は夫のほうがある
・夫の愛と父の愛が違うのは当たり前だが、父の愛のほうがどこか温かいかな？

自分のいろいろな反照規定の違いを知っているということは、自分とその反照規定との関

係を知っているということになります。

先の例を深めてみると

・自分の、妻と母に対するやさしさに質差があって、それが自分にも反照してくるのでは？

・妻の自分への棘は自分の妻への棘の反照でもあるし、母とは今では本気で接しなくなったとも言える

・夫と父のDNAは明らかに違う。どなる夫はいやだが、そのDNAからは生活力が高いとも言える

・父の愛のほうが温かいのは、父親だからで片づけられるのだろうか？　夫の愛はどこか冷たさと同居しているのかもしれない？

あくまで一例ですが、このように自分の大切な反照規定の質差を知っておくということは、すべて自分に返ってきて、自分の相手、反照規定への言動をこれからどうするかになってきます。

これがすべて自分を変えていくことにつながるのです。

5　相手、異性から満たされない欠如が欲求を生むと知る

れます。

「欲求」という言葉より「欲望」という言葉のほうが、この資本主義社会では好んで使われます。

前者が本質的で難しく、後者が現象的でわかりやすいからです。今、私たちが生きている資本主義社会は、「デザイヤー・欲望・物的満足」を満たす、いわゆる欲望のほうに傾いていく社会であって、「欲求」という、人が生きていく上での本能的、根源的求めは、あまり問題にされません。

ですから、「相手、異性から満たされない欠如が欲求を生む」というテーゼは、説明しないとわからないかもしれません。

たとえば、母親から厳しく育てられたのはいいとしても、その分スキンシップが少なかったら欠如になりますから、満たしたい欲求にかられます。

父親から門限を厳しく守るように育った女の子は、一度くずれたらその反動も大きいかも

しれませんね。

兄貴が親のしつけをよく守り、優等生であるほど、弟である自分の欲求はその逆を志向することだって、実によくある話です。

このように、親に満たしてもらえなかった欠如を満たそうとして、それを与えてくれる、満足させてくれる異性を求めるようになっていきます。
・乳離れの早かった男の子は巨乳好み（？）
・厳しいだけの父に育てられた女の子は早婚（？）
・上の子と下の子は逆に育つ場合が多い（？）
こうした持論、俗論が正しいかどうかはここでは問題にしませんが、「相手、異性から満たされない欠如が欲求となる」というのは間違いのないところです。

そうであれば、今度は逆に、自分の今の欲求から自分の根源的欠如を認識するという遡行ができるようになります。

生きるということは、この自分の根源的欠如からくる欲求を満たす営みのことです。

欲求というキーワードはきわめて大切です。

6 異性で満たしたい欲求を満たして発展していく

先ほどの3例について、もう少し考えてみましょう。

「乳離れが早かったから、あのふっくらしたおっぱいに触れていたい」という根源的欲求（フェチと関係）が、女性に求める大切なひとつになるのは否定できません。

「厳しいだけで父性の温かい愛をもらえなかった」という根源的欲求が、男性に求める大切なひとつになるのも、これまた否定できません。

「上には厳しく、下には自由に」と育てられると、上は権威主義的で下はリベラルになり、それにこだわりつつも、その逆をも求めることもあり得ます。

人は、異性で満たしたい欲求を満たして発展していくものなのでしょうね。

母（父）から、Aは満たしてもらったが、Bを満たしてもらえなかった。だから違う異性にBを求めて満たそうとする。ときとして、それがフェチにもなり、行き過ぎて犯罪になる場合もあるほどです。

だから、Bを満たしてくれる異性とはうまくいきます。

また、Bを満たす側の異性にしても、それがその人の欠如が現われた欲求活動なのであって、無理をしてBを満たしているとか、ボランティアでやっているわけではないのです。

こうして見ていくと、**人と人との関係は「欠如と充足」の等価価値交換**ということになります。それが男と女、夫婦でうまくいけば、お互いに幸せなことなのです。

よく、夫婦のことはわからないとか、なぜあの二人が恋人同士なのかわからないと言われますが、男と女の関係、夫婦の関係の等価（交換）関係はこうした「欠如と充足」の満たし合いとして捉えると、よく見えてきます。

人は異性で満たしたい欲求を満たそうとして、渇望して生きているのです。

特に若い人はそうです。

若いときこそ異性の存在は大切です。その若いときに満たした欲求の上に、その後の長い人生があるからです。

7 発展が次の欠如をまた生み、お互い努力していく

「お互いの根源的欠如を満たし合って、夫婦となる」↓「愛の結晶の子ができて、ともに育てる」↓「夫は必死で稼ぎ、妻はエンドレスで育てる」↓「二人のＤＮＡを持つ、別存在の子の欠如を満たすため、さらにがんばる」↓「子が別の伴侶を得て、一人立ちしていく」――私たちはこのように生きていく、まさに累として生きているということです。

発展が次の欠如をまた生み、またお互い努力していくのが人生です。

そのため自分も妻も必然的に革新し、確心して、生きていくのです。

その定め、流れをしっかりと見て、少しでもよい方向に自分を変化させていき、幸せになろうというのがこの本のねらいなのです。

欠如↓充足活動↓次なる欠如↓次なる充足活動……という、終わることなく続く人間の累的営みを捉えておきましょう。一夫一婦制が社会をここまで発展させ、そして今、地球を傷めつけるまでになったと言えなくもありません。

それはさておき、「男×女」のこの相乗関係のパワーのすごさこそ、お互いの努力そのものので、千差万別です。「男×女」という掛け算ですから、おそろしいパワーとなります。

みなさんも、ぜひそうした相手をみつけてください。ともに欲求を満たし合って、「男×女」のパワーでなにかをつくり出して幸せになってください。

男と女の関係、とりわけ、そのスタートの恋愛は、単なる好いた惚れたのレベルの問題ではありません。

それが家庭をつくり、子供を育てて社会を推進していくパワーになっていくのです。

少子化、人口減少が常識となって「日本もいよいよこれまでか！」という思いも一方にはありますが、東日本大震災にも負けずに闘っている人たちを見ていても、こうしたパワーを感じ勇気をもらえます。

あなたの恋愛、結婚、子育てそのものが、自己はもちろん、社会の革新につながっていくのです。

8　妻（夫）に投資する

ほんの少し前まで、日本では「釣った魚に餌をやらない」という考え方が一般的でした。しかし、この先はそれでは通用しないでしょう。「釣った魚にこそ餌をあげて太らせて、自分の幸せにつなげよう」ということが、今のこの時代の考え方です。「妻（夫）に投資する」とは、まさにこれを意味しています。

昔から次のような言葉があります。

・異体同心（体は別でも心はひとつの夫婦仲）
・一心同体（同右）
・鴛鴦《えんおう》の契（オシドリのオス・メスの仲のよさ）
・糟糠《そうこう》の妻（一緒に苦労してきた妻）
・夫唱婦随（夫婦仲が非常によいこと）

これらは、「釣った魚に餌をやる」をズバリ表わす四字熟語ではありませんが、「釣った魚

に餌をやる」に近い考え方のほうが、昔から、中国でも強調されてきたように思います。

「人材には投資・人手には経費」と、1章で触れましたが、家庭もひとつの経営です。経営とは、人間の目的意識的活動のことです。

家庭でも、「子供への教育投資」というようなことはよく言われますが、ここでは「夫への経営投資」「妻への愛情投資」のことを指しています。

目先の必要経費はむろんのこと、将来の人材投資をする家庭、夫婦こそすぐれものです。

私も20代で給料7～8万円の頃、次の投資を妻にしてもらいました。

・中小企業診断士取得に10万円
・趣味の潜水の楽しみに5万円
・趣味のヨット操縦に5万円

今のお金に換算すると、80～100万円になります。逆に、妻にした投資は

・カウンセラー取得に10万円
・趣味投資　なし（九州男児の古さ！）

私が40代で公私ともに大変だった頃、妻に「あなたのカウンセリングをするために私に投資したのね」とよくからかわれていました。

9　お互いのリーダーシップ、フォロワーシップに感謝する

昔から「男は度胸、女は愛嬌」と言われますが、今風に言い換えると、「男はリーダーシップ、女はフォロワーシップ」がそれに近い意味合いです。

リーダーシップの意味は誰でもわかるでしょうが、フォロワーシップは昭和の終わりくらいから死語になってきました。

平成の今では、まったくもって死語です。

「縁の下の力持ち」、そして戦争中の「銃後の守り」、どちらもフォロワーシップを意味しますが、知っている人は少ないでしょう。

だからこそ、あらためてお伝えしたいのは、男のリーダーシップ・女のフォロワーシップにお互いが感謝することは、きわめて大切だということです。

「異体同心」「一心同体」こそものの捉え方の真理であり、似た言葉に「対立物の統一」「異質の有機的一体」もありましたが、平成の今、これが失われています。私たちの住む人の世

を、矛盾と捉えられないからでしょう。

そもそも、この世の矛盾をどう一体化するか、これがいつだって課題であるはずなのに、自分の住むこの世界を、静的で調和した美しいものと捉えている（そう言えばそんな総理大臣もいましたっけ）。

なぜそうとしか捉えられないかと言えば、**先輩、先人が苦労してつくったストックの上でぬくぬくと暮らしているから**です。自分がゼロからフローを受苦し、苦労してつくってこなかったからなのです。

そうした中にあっても、結婚とは、男と女が二人してゼロからスタートすることですから、「男のリーダーシップ」と「女のフォロワーシップ」（逆も可）を掛け合わせて、自分の生活、そして仕事を、苦も受けながら構築していくのです。

もう逃げられません。

お互いのリーダーシップ、フォロワーシップに感謝しながら、二人していろいろな矛盾を相手にして夫婦げんかをしながらも、補いながらやっていくのです。

そうしてお互いが自己革新して高次の一心同体に近づいていくのです。

10 いくつになっても異性で較新する

異性という自分の鏡、反照規定によって、自分と相手を比較し、自分を見つめ直すことの大切さについて見てきました。

「異性で較新すること」の大切さを、本章のまとめとして、私の文献データベースから見ていきます。

「相○」 「相談、相手、相変わらず」等の用語がありますが、平成の今における使用頻度は、江戸・明治の半分以下に激減しています。相、つまり「木を見ること」は、人の生命力を助けることになるということを、昔の人は知っていた。それが、大正、昭和、平成と激減し、自然との関連、生命を本能的に重視する女性の問題意識が希薄化していることがわかります。

「○○し合う」 この用語も平成では昭和の7掛しか使われず、「○○し合う」ことも明らかに減ってしまいました。「○○し合う」のも、男より女のほうが自然に得意です。

「○○下る」 これも平成は昭和の7掛しか使われておらず、とりわけ「○○して下さる」の女性的敬語表現が著しく減っています。

「○○求める」 先に出た「欲求」などがひとつの使用例ですが、平成は大正、昭和の50％しか使われていません。たぶん、求めることが格好悪い世になってしまったのでしょう。

そのほか、この点では、女性が男性よりすぐれているからこそ女性用語としても多く使われてきた「○○添える」「○○尽くす」「○○届ける」も、平成の今、江戸時代以前と比べて半分以下の使用頻度となっています。

平成の今、明らかに人間関係の自然的視点や女性の母性的視点が激減し、男の論理、資本の論理が大勢を占める世になってしまいました。

「相互に協力し合い、がんばってくださる」女性の「求め」「添え」「尽くし」「届ける」姿勢に、男は学ぶべきです。

私も60歳を過ぎ、いくつになっても異性で較新しよう、と思いを新たにしています。それは特に私たち男が仕事、仕事で置いてきぼりにしてきた、大切なことばかりです。

CHAPTER 8

異なる世代と交わってみる

異世代を通じて自分を格新する

1　異世代との交流で自分の人格を磨く

7章で「異性との交流」をテーマにしたのに続いて、8章では「異世代との交流」で自分を磨くことについて考えてみましょう。

どんな人でも基本的に、自分と同じ世代で同じ環境か同じような考え方の仲間と飲むのが一番ラクです。これを哲学者ショーペンハウエルが主張した「気晴らし」と言います。気晴らしはしょせん気晴らしに過ぎず、自分を革新することにはなりません。

次に、自分と違う世代の、違う環境の先輩や後輩と語り合うのは、少しは気を遣います。この「語り合い」が、異人を相手にするときは自己革新になります。

そして、自分と世代も環境も考え方もまったく違う超異人との「闘議」は、大変骨が折れます。この闘議は自分から見たら矛盾との闘い、受苦だからこそ、自己革新どころか自己革命をも引き起こすこともあり得ます。

異世代と交わるのにも、いろいろなレベルがあることがわかってきます。

人間というものは、ひょっとしたら、安定を求めるから保守的で変化を嫌う存在なのかもしれません。それが自分の安定を乱す異対象と出会うから、革新せざるを得ないのかもしれません。

異世代と出会い、交わることは、自分を変える手っ取り早い方法のひとつです。

それも気晴らしでなく、語り合いや闘議（討議）になっていくから、自分の人間としての格もためされ、鍛えられるのです。

自分の格（人格とも言いますね）、これが鍛えられるわけですから、異なる世代とは意図的に交わっていくべきですね。

今の平成時代、若い人ほど**気晴らしを「癒し」と捉えて、闘うことをしなくなっています。**

語り合いの場でも、いい人を演じて自分を出しません。出せなくなってしまっています。

対話や討議そして闘議、理論闘争に至ってはまったくダメですね。

これでは人格は高まりませんネ。

2 相手と自分のジェネレーションギャップを知る

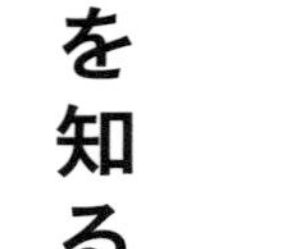

異なる世代との交わりが自分の格を磨く、いわば格新になっていくのは、１００％ジェネレーションギャップが発生して自分を見直すことに必ずつながるからです。

ジェネレーションとは西洋で12年、東洋でも干支は12年。12年違えば、人間の考え方に質差があり、ギャップが発生するということです。

たしかに、12年は人生の一単位です。小学校卒業が12歳、社会人として一応の一人前が24歳、36歳が女の厄年の３年後、男の厄６年前、48歳が第一子の結婚で自立する頃、60歳が一応仕事引退の年、72歳が古稀前後です。

12歳以上違う人とは、年上だろうが年下だろうがジェネレーションギャップが発生するのは、当然のことです。

ギャップによる異和感、差異感は誰しも感じることですが、問題はその後にあります。

年寄りの側が取る態度に、こういったものがあるでしょう。

「今の若い者は……」（エジプトのパピルスにも書いてあるそうです）

「未熟者でレベルが低い」

「任せられない」

一方、若者側にはこんな反応がよく見られます。

「頭が固い」

「あんな風になりたくない、老害だ」

「だから年をとりたくない」

これではジェネレーションギャップに感覚的に埋没しているだけであり、生産的ではありません。

そこにはお互いの自己革新はまったく感じられません。

ジェネレーションギャップを克服して、前へ前へとお互い前進しなければなりません。

高齢化社会、少子化社会であってはなおさらのことです。

ジェネレーションギャップが発生する場面とは、自分を格新する絶好のチャンスなのです。

3　先輩からは不易をとる

若い人がジェネレーションギャップに学ぶ際にすべきこととは、「先輩からは不易をとる」、ズバリこれです。

不易、つまり、いつも変わらない原則や法則のようなものです。

これは、たかだか12年や24年生きたからといって、体感できるものではありません。結婚して子供を持ち、それなりに責任ある仕事を経験するという、36年や48年は生きないとわからないことかもしれません。

もちろん、経験がすべてではありません。経験していなくてもイメージし得る原則、法則を学ぶことはできますし、この本もその視座で書いているわけです。

先輩から不易をとれるかどうかによって、若い人の力に、ものすごい差が発生します。

ちなみに、私が先輩から学んだ不易体験は次のようなものです。

・明治のスピリット「大志を抱いて自己責任で体をはってやる」を、昭和10年代に上海でが

んばった大叔母に学びました

・大正のスピリット「自分の幸せを求めて、ロマンも探求する」を、両親に学びました

・昭和一桁のスピリット「戦火の中で、子供でも生き抜いていく」を、学校の先生やガキ大将のリーダーに学びました

そして、甘いとも言われるこの団塊世代の一人として、まだまだ生きています。

先輩から不易をとるにも、それなりの学習が必要です。

まず、歴史の勉強はそれなりにしておかなければなりません。歴史は繰り返すからです。

歴史の中で、先輩たちは生きてきたのです。私たちだって今からの歴史を創るのです。

その歴史の中の法則や原則こそ、不易なのです。歴史の中の人間の生き方や感じることや考えることに不易があるのです。

先輩からは不易をガンガンとりましょう。

4　後輩からは流行をもらう

一方、先輩、年寄り側がジェネレーションギャップに学ぶべきこととは、「後輩からは流行をもらう」、ズバリこれです。

流行、つまり3日～3年のサイクルで移ろっていく表面的傾向のことです。

これは12年や24年生きてきたら、誰だって感じて学んでいるものです。

流行には若者が敏感なのは当たり前のことです。

後輩から流行をもらうことは、先輩、年寄りにとって、時代の感度を失わないためにも大切なことです。

私は、4歳の孫からは「機関車トーマス」を学び、いつの時代もトーマスのような真直な子供・人間がモデルだと不易も学びました。

団塊ジュニアの子供やその配偶者には、「堅実＝大志がない」と感じ、それを自分たちが教育した裏返しとして学びました。

昭和一桁派の子供たち、つまり新人類と言われた今の40代後半から50代前半の人たちには、「そつがない＝資本主義べったり」と感じさせられました。それも自分たちが関わった裏返しとして学んでいます。

もちろん他にも、子供から多くの芸能人のことを教えてもらったり、新人類の後輩から商品センスを学んだりしていますが、これらはあまり努力の要らない当然のことです。

「後輩から流行をもらう」ためのポイントは、次のようなことだと思います。
・自分のその年のことと比較してみる（機関車トーマスと赤胴鈴之助は同じだ）
・時代の差で当然のことと、時代は違っても同じ不易に近いことがわかる
こうすれば、「今の若い者は！」といった上から目線はなくなります。この「上から目線」だけを老害というのかもしれません。

経験が豊富になったときこそ、気軽に、後輩から流行をもらって自分を革新し、マンネリに陥らずに生きていきましょう。

5　「感情移入的認識」で学ぶ

先輩から不易をとる、後輩からは流行をもらう、のどちらにしろ、それをやり切るのに必要なのは、「感情移入的認識」に尽きます。

これが一番の要諦ではあるのですが、言うは易く、行なうは難し、でもあります。

「感情移入的認識」ってなんでしょうか？

前項で「自分のその年のことと比較してみる」を「後輩から流行をもらう」ポイントの第一に据えましたが、「自分のその年のこと」を考えようとした時点で、すでに感情移入的認識のスタートに立っています。

人は一人ひとり、みんな感情が違います。「その違う感情をまず受け入れて考えてみよう」というのが感情移入的認識です。

あくまで自分と違う感情を受け入れてみる。そうすれば、その感情を生み出した、その人の立場、背景、存在様式がいくらかでも見えてきます。

もちろん、受け入れただけで同意はしていないのですが、感情を受け入れたことで、受け入れなかったときより、その人の立場、背景、存在様式が見えてくるのです。

感情移入的認識というのは、他者を受容する認識のことです。

稼ぐことばかりやっていると、実はこれができなくなります。

女に学ばず、男の喧嘩の世界ばかりで生きていると、これも同じことになりがちです。

受容する前に、つい評価をしてしまう。

評価には非難、批判といろいろありますが、相手の感情を受け止めずにジャッジすることです。稼ぐこと、喧嘩することばかりやっていると、自然とそうなってしまいます。

なぜなら、稼いで喧嘩する上では、受容が邪魔になる面もあるからです。

相手に勝つためには、いくら受容する力が優れていようとも、それだけでは勝てないからです。

しかし、感情移入すること、受容することは、自分を大きく変える第一歩です。

6　感情移入して不易流行を生かす

異なる世代と交わって自分を格新するために、あるいはするうちに、感情移入して不易流行を生かすということがわかっていきます。

異なる世代、つまり異人とは、立場、背景、存在様式の違う他者のことです。その**他者の感情をまずは受け入れてみるということが、すべての出発点です。**

生身の感情を少しでも受け入れられれば、その異人との「関係」が発生します。非難、批判している間はまだ「関係」は生まれていません。まるで今の日朝関係のようですね。

そうして関係し続けているうちに「先輩からは不易をとる」「後輩からは流行をもらう」といった智恵も生まれてきます。

これこそが、感情移入して不易流行を生かすことです。

不断に自己革新し、それこそ死ぬまで真理を探究し続けた偉人たちは、皆そうしていたの

だと思います。

紀貫之も本居宣長も小林秀雄もそうだったのでしょう。もちろん、キリストもマルクスもサルトルもみんな、その思想と行動のベースには受容、感情移入がありました。

私は日本という国も、相対的には、感情移入して不易流行を生かしている、高度ないい国だと捉えています。

それは先達、先輩が懸命に自己革新して、がんばって豊かになったからなのです。

私たちもそうした国の進化・深化（系統発生）を、自分の進化・深化（個体発生）として受け止めていかなければなりません。

自分一人で部屋にとじこもってあれこれ考えてみても、たかだか知れています。多くの異人と関わって、感情でもぶつかり、不易や流行を学び取って、真理への広さと深さの格を高めていくことが大切です。

自己革新は自己、自分だけではできません。他者、異人との本気の関わりが自分の格を高めるのです。

7 人も自分も7～12年サイクルで見る

前項でお話しした「感情移入して不易流行を生かす」ことは、私たちの多くが、けっこう上手に取り入れて生きているものです。

というのも、人も自分も7～12年サイクルで見ることができているから、さほどジェネレーションギャップが発生していない、それがその証拠です。

ワンジェネレーションは12年、一世代でした。それをもう少し短く見て、7～12年をワンサイクル、と捉えていいでしょう。「7年」という数字にも意味がありますね。

小学校入学→昔の元服一年前→成人して1年→28歳は20代の華→35歳は女性の厄年くらい→42歳は男性の厄年→49歳は子供が自立していく頃

7～12年サイクルで人も自分も見ることによって、多くのことが見えてきてかしこくなって、仕事でも家庭でもうまくいくようになります。

まず、異なる世代と理解し合えます。

自分より7～12歳上の世代から、不易を学び取れます。自分より7～12歳下の世代から、流行を学ぶことができます。

合わせて、自分から上下14～24年の広がりで、人とかかわり理解し合えます。

自分の年齢に近い人と気晴らしだけのコミュニケーションをとる生活や人生に比べて、自分の年齢上下20年の幅のある人たちとの語らい、触れ合いのある生活・人生は、比較にならないほど充実していると言えます。

それに近い話をすると、

・核家族は情報が狭くなる
・じいちゃん、ばあちゃんも含めた三世代のほうが幅広い
・向こう三軒両隣との地域とのつながりが内容豊かになる
・異業種交流は大切

といったことも言えるでしょう。

みなさんもぜひ、人も自分も7～12年サイクルで見るトレーニングをして、自己革新につなげてください。

8　±12歳の幅広さを身につける

前項の「人も自分も7～12年サイクルで見る」ことを発展させていくと、「±12歳の幅広さを身につける」ことにつながります。

私が異世代の人から学んだのは、次のようなことでした。

私が12歳・小学校六年生のとき、26歳のK先生は、クソガキの私を「宮内、お前は今のままでいいよ」と100％受容してくれました。生まれてはじめての経験でした。

続いて、18歳・高校一年生のとき、4世代上の友達のばあちゃんが「ビートルズはリズミカルな浪曲だね」と言ったのには驚きました。「すごい」と思いました。

22歳・大学三年生のとき、4世代・48歳くらい上のサルトルが語った「資本主義社会の下では人は分子的に生きざるを得ない」という先取り不易たる先見性は、私の生き方を指し示してくれました。そしていったんは分子・原子になって、他の人と有機的一体となって生きていこうと決心したのです。

27歳で中小企業診断士となり、コンピュータ・アプリケーションのプロと自認したとき、2世代・24歳くらい上の親父を越えたと、自己満足ではありますが、思いました。

42歳の厄の頃、2・5世代・30歳下の小学校五年生の娘に「お父さん、舌打ちはやめたほうがいいよ」と言われたときは、恥ずかしく感じました。

±12歳の幅広さを意図的に身につければ、30歳は42歳から18歳まで、40歳は52歳から28歳まで……と幅広く生きていけると格新したのは厄年の頃でしたが、以上のように、おぼろげながらも私なりに確信して生きていたのです。

±12歳の幅広さを早めに身につけた人ほど、人と理解し合えて、お客様にも多く出会えて、幸せになれます。

私も60歳を過ぎて、5世代・60年ほど後輩の孫にいろいろと教えてもらっています。

・「機関車トーマス」は「正義」の不易です
・「アンパンマン」は「愛嬌」の不易です
・孫が読んでいる「絵本」も古典的です

±12歳の幅広さを身につけて、24歳幅広く生きていきましょう。

9 わが子にオンリー・ナンバーワンの格を教え込む

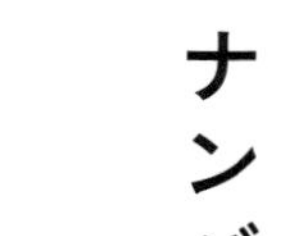

「±12歳の幅広さを身につけた」親から生き方を学ぶのが子供です。先にも言いましたように、子は親で決まります。子の幸せは親にかかっているとも言えますし、子は親の犠牲者、とも言えるわけです。

本当に親の責任は甚大なものがあります。

あなたが今40歳くらいで、小さな子供がいるとします。それならば、±12歳の幅広さを身につけた親として子供の教育を本気でやらないといけません。

「獲新」で経済的ベース、「書く新」で振り返りまとめる能力、「拡新」で広げる力、「隔新」で遡行する力、「確新」で反照規定力、そして「格新」で人格を磨くときた私たちですから、子供への関わりは本気であるはずです。

それが、わが子にオンリー・ナンバーワンの格を教え込むことにつながります。

「私たち人間はオンリーワンである」と、「世界でひとつだけの花」を持ち出してみたところで、それは自己満足に過ぎないと、私は思います。

親がチマチマしていたら、子もそうなりますから、親は、広め、深め、早めて、自己革新してきた自分を子供にぶつけて、本気の教育をして次世代につなげていかなければなりません。

・私の○○○はオンリー・ナンバーワンである
・それで赤の他人様からお金を得ており、世の中からも少しは認められている
・この○○○は自分のロマンであり大志であり、ミッションである

今は、昔の人が教えてくれた天職発想、一意専心、一念発起、一子相伝が薄れてきた、自己満足オンリーワンの時代なのでしょうね。

であるからこそ、かけがえのない「自分のオンリー・ナンバーワンの格」を子供に徹底的に教え込むことが大切です。

学んだことは分身にすべて教え込み、たたき込み、出し切ることがポイントです。

10 自分のオンリー・ナンバーワンの格を磨き続ける

私たちは、誰のために、なんのために生きているのでしょうか?

こういう問題設定は、「古くさい過去の遺物」とかなりの人が捉えている時代状況にあります。

しかし、答えは実に簡単です。

自分と他者と社会の幸せのために、自分のオンリー・ナンバーワンの格を磨きあげる。

これが「誰のためになんのために生きているのか」のひとつの答えです。だから、前項でまずそれを「わが子にやろう」と言ったのです。

さて、みなさんのオンリー・ナンバーワンってなんでしょうか? そのオンリー・ナンバーワンの格を毎日磨いていますか?

それはまず、公に人のためになる仕事の能力になると思います。

他者の役に立つ仕事で、自分に何ができるか? だと思います。

その仕事能力のオンリー・ナンバーワンということです。
オンリー・ナンバーワンの仕事能力の格の高さということです。

今の若い人の就職のミスマッチが云々され、平気で「50社受けて落ちました」と言う若者がいますが、そもそも、仕事とは何か、自分と仕事との関係を問うことなく、いいかげんにすませているのでしょう。

世の流行に振り回され、人目を気にして、一方では「有名企業」に入って楽しく生きていきたいと、目先で、流行で生きているだけなのです。〝力相応一番〟という考えを知らなさすぎます。

幸せになりたかったら、お金が欲しかったら、人から尊敬されたかったら、自分の「オンリー・ナンバーワンの格」を磨き続けるしかないのです。

それが幸せな人生をつくるメソッドです。

現役世代なら、仕事で格を磨くしかありません。

趣味はしょせん趣味に過ぎません。赤の他人様の手段となって、その人のためになることを仕事といい、その仕事でみんなオンリー・ナンバーワンの天職を持っているのです。

CHAPTER 9

仕事について振り返ってみる

仕事で自分を革新する

1　仕事で稼ぐ、これが人生

仕事をして他人様からお金をいただき続けることは、実に大変なことだと思います。それも22歳から40年余り（これからの若い人は50年も！）、一貫して、赤の他人様に貢献して、いただき続けて自らの生計をたてていく、この人生って、大変と言えば大変です。

まず、就職という狭き関門でそれをひしひしと感じることでしょう。その後、もし営業に配属となったなら（会社とは販売会社であり、販売のない会社はあり得ません）、「売れるか売れないか、結果がすべての真剣勝負」を味わいます。

入社3～5年で、実力・結果の違いで出世に差がついて、人生の悲哀を感じます。

入社10～20年ともなれば、店長や課長になって多くの部下を抱え、その人たちの人生のことも肩にズシリとのしかかってきます。

入社25年、50才前にもなれば、先も見えてきて希望も少しは失せ、革新もなくなっていきます。

人生とは、仕事をすること、つまり、他人のためになる何かを創って提供していく、そして売ってお金をいただき、それで生活を維持していくという、この一点に尽きるのだと思います。つまりは、「仕事で稼ぐ、これが人生」と言えるのだと思います。

それが今では少し甘くなって、「仕事はもちろん大切だけど、人生そのものではない」みたいな考え方も蔓延しています。

でも、考えてみてください。日本は、700兆円を超すストック（一人当たり600万円ほど）に甘んじて、わずか450兆円少しのフロー（一人当たり400万円ほど）しか稼ぎ出せない老成大国になってしまいました。まるで「アリとキリギリス」の話のようです。

粗利を稼ぐ（フローを稼ぐ）ことよりも、自分のチマチマした消費のほうに関心が移ってしまっています。パンとサーカスで消費に走ったローマ市民、闘いから逃げた平安末期の貴族と同じ歴史を繰り返している――これでは絶対にいけないからこそ、私たちは、自分自身を日々新しく、強くしていく必要があるのです。

2 「仕事＝売る」は獲新

「自分は営業・販売の仕事ではない」という人がいるかもしれませんが、いかに営業・販売以外の仕事に従事しようとも、仕事とは１００％、「他の人に何かを売る」ことです。逆に言えば、「売り」につながらない仕事など、１００％あり得ません。

営業を補佐する事務の仕事であっても、総務や経理の仕事であっても、それが赤の他人様であるお客様からお金をいただくことにつながっています。

そのお金がなければ、仕事そのものを維持することもできなければ、生活も維持できません。「お金はビジネスの血液」と言われるのも当然のことです。

まさに「『仕事＝売る』は獲新」です。

仕事をすることで、命と愛の次に、三番目に大切な「お金」を獲得するわけですから、「獲新＝革新」せざるを得ないのです。

「獲新」とはお金を獲得するための革新であり、獲新し続けなかったら、お金は入ってきません。つまり、血液が流れず死に至る病になります。

「獲新」は仕事を通して、仕事をやり抜いて、赤の他人様から高評価していただく中でしか獲得できません。

とりわけ、男は子供を産むことができず、家庭や地域の主役になれない存在ですから、「獲新」によって自分を成長させていくしかありません。まずは「仕事ができない男は男じゃない」のです。仕事を通した獲新で、「生き金」とは何か、金を人のために生かすとはどういうことかを、しっかりと体得しなければならないのです。

ただし、注意しなければならないのは、お金が自己目的なのではないということです。お金は人が発明した経済尺度であり、人の幸せのための大切な手段です。だからこそ、お金は生き金でなければなりません。

右肩上がりの昭和時代まではそれが当たり前でしたが、右肩下がりの平成時代になって、マーケット争奪、金争奪が自己目的にもなってきています。

「仕事＝売る」で獲新し、金を生き金化していくには、「仕事＝売る」が本当に人のためになる実業でなければなりません。

3 「仕事＝売る」は書く新

「仕事＝売ること」が、人のためになる実業であるためにも、「仕事＝売ること」の相対化、総体化がぜひとも必要です。そのためのひとつの手段として「仕事＝売る」の書く新があります。

人が地球の主役になったのは、労働をしたからといえるでしょう。労働そのものだけでなく、労働と生活・人生を関連づけ、そのための記録、書くこと、情報伝達までを発展させてきたからでしょう。

中国では4000年以上も前、すでに文字を持っており、日本では2000年前も文字はなく、それから数百年かけて中国から文字を輸入して文化、文明を発展させてきました。

私たちの今の暮らしは、「書く」ことによって作られてきたと言っても過言ではありません。書くことで、自分も含めた万物を対象化、相対化して、未来に向かって総体化し、これからも私たち人は生き続けていくのです。

書くことは、高度の数学言語である多次元方程式になったり、コンピュータに論理言語を教え込んで生活のあらゆる分野に活用されたりと、超高度になっていますが、どんな状況にあっても、私たち一人ひとりに大切なのは、2章で提案した「箇条書き→関連図→フローチャート」の三段階です。

少なくとも、箇条書きからフローチャート化までできるほどに自分の頭を整理していなければ、仕事は、広く深く早く回ってはくれません。仕事に限った話ではなく、家庭のことも、情だけで処理することなく、いいかげんにしないためには、この三段階はきわめて有用です。

さらには、自分の生き方、人生を相対化、総体化するために、この三段階はきちんとすべきです。

もちろん、何かを書く前には、イメージがあるはずです。始元としての自己イメージを発展させる、内語としての言葉・言語が大切です。自分のイメージ内語を明らかにし、発展させ、有効に情報伝達する上で、三段階の書く新で「仕事＝売る」も革新していただきたい。

仕事ができる人とは、書いてきちんと伝えることも上手な場合が多いものです。

4 「仕事＝売る」は拡・新

自分の居場所、空間を拡大していく拡・新は、仕事においてこそ生きるものです。

昔から、生きるため、売るために人は空間を無限に広げてきたのですから、仕事こそ空間「『仕事＝売る』は拡・新」には、いろいろな意味合いがあります。

拡新法のナンバーワンでしょう。

仕事にその人固有の拡新が出てくるのも事実です。子供時代に親から育ててもらった空間拡新への考え方が、大人になってからの仕事に反映します。

そうして「『仕事＝売る』拡新」で無限に自分を革新していくことこそ、大切です。

人は仕事で成長するものなのですね。

「仕事、売ることを通して空間を広げるなんて、今のグローバル資本主義時代にあっては当たり前のこと、その世界戦略こそが大切だ」と言われるかもしれませんが、私が言いたいのは以下のことです。

・狭いとは言っても、生身の体と比べたら非常に広い、日本という異空間
・海外から見た日本という異空間
・芸術、スポーツ、文化という異空間
・身近な地域ひとつだって捉え方で異空間
・たまには私たちにとって大切な居心地の悪い異空間

そうしたさまざまな異空間体験をしっかり、じっくり味わうセンス、方法、メソッドの高め方の大切さです。

私たち個人は、会社のグローバル世界戦略に組み込まれた歯車のひとつであることから逃れられませんが、それをも相対化、総体化する方法は、身近なところにあるかもしれないという、人間の生きる知恵のことを言っているのです。**私たちの身近にある空間から学べることは、実はいっぱいある**のです。**捉え方、関わり方の違いで、身近な空間を異空間にして、自己革新し得る**ということなのです。

ルーチンワークばかりの狭い仕事空間という同質空間にいると、マンネリに陥ります。そうしていつの間にか、金にするだけの歯車のひとつになってしまいます。

拡新は「仕事=売る」を広げ、相対化、総体化してくれます。

5　「仕事＝売る」は隔新

「『仕事＝売る』は拡新」を実践していくためにも、「『仕事＝売る』は隔新」は直結していてポイントとなります。

どんな時代にもタイムスリップできて、そこでいろんな見聞をし、違う知恵を少しでも身につけられたら、つまり隔新できたら、仕事にも多大の広がりや深まりを与えることになるでしょう。

自分自身を振り返ってみると、今まで出会ってきた7～8万人の方々と比べて私に一日の長がある点、つまり私のオンリー・ナンバーワンは、このタイムスリップ隔新法ができる点でした。隔新が拡新にも書く新にも獲新にもなってきました。

たまに仕事がうまくいったときには、「勝って兜の緒を締めよ」と、上杉謙信を思いました。

もちろん、仕事がうまくいかないときが大半で、辛いときはマルクスの『資本論』に書かれていた、イギリス産業革命時、鉱山で10歳以下の子供が仕事をさせられ、何十万人も不具者になったことを考えました。

仕事の人間関係が問題となったときには、サルトルその人が斜視でチビで人間関係の悩みを大哲学にまで相対化、総体化したことを思いました。

大変なこと、辛いことはもちろんたくさんありましたが、歴史上のバーチャル・タイムスリップによって、すぐれた先達にいっぱい助けてもらいました。その数は何百人と、すばらしい偉人がいらっしゃいます。

私はたまたま、隔新が自分のオンリー・ナンバーワンと思っているだけですが、人はみな私が提案した「獲」「書く」「拡」「隔」「確」「核」「較」「格」の8革新のどれかが、あるいはその組み合わせ方でオンリー・ナンバーワンだと思います。

そうしたことを想起しながら他者、異人と関われば、仕事はうまくいきます。

人はみな、革新の仕方が違っているわけですから、マンネリを打破するやり方だっていろいろです。

私個人は特にこの隔新をやることで、仕事を40年以上続けてくることができました。

6 「仕事＝売る」は確・新

「『仕事＝売る』は確・新」は、８つの革新の中で多くの人が無意識にやっているものです。

人は毎日の仕事をしながら、その結果から振り返って、自分の育ちや環境を確信していくものなのです。

たとえば、次のようなことは日常茶飯事でしょう。

「世の盾になれよ」と教えてくれたお袋。

「男ならやってみな」と言ってくれた親父。

「子供の寝姿」で元気をもらった。

「子供からの手紙」で勇気をもらった。

「やってみたら！」という妻のひと言に後押ししてもらった。

自分が育ってきた今までの環境、そして今、現在の環境こそ、自分が産み育て、さらに生かしていくものです。ときにはそれを振り返って育ちや環境を確新することは、とりわけ「仕事＝売る」に大いなる確信になります。

経営コンサルタント歴30年余、7～8万人の方々と出会った経験から、人は誰だってお袋さんの教えがベースとなっていることを知りました。それに比べると付随的ではありますが、親父の教えも現実的モデルとして仕事に影響していることもわかりました。女はむろんのこと、男がわが子の寝姿から元気をもらうのは、誰でも経験することだと思います。

「子供からの手紙」には、誰でも涙が出ることでしょう。私も、娘が小学3年生のときくれた「39歳誕生日、おめでとう」の折紙色紙は今でも宝物です。

妻のひと言、まさにこれで男はもっているのかもしれません。歌手の岩崎宏美が『聖母《マドンナ》たちのララバイ』で歌った「母の大きさ」は不易です。

確新の「確」は英語で「I am certain」です。つまり自己確信、自己確心です。**人は他の人との関係の中で自己確信・自己確心するのであって、一人だけの自己確信なんて、絶対にあり得ません。**

7 「仕事＝売る」は核・新

確・新が「育ちを確信していくこと」だとすれば、核・新は育ちのさらに基、元にあるＤＮＡにまで迫ってみるということです。

「『仕事＝売る』は核・新」は、まさに仕事だからこそ、仕事にしかできない革新、ＤＮＡへの肉迫になっていくのではないでしょうか。

仕事、つまり「売る」ことの主導権は、１００％、買う客側にあるわけですから、売る側から言えば、生殺与奪を握られている状態です。ですから、マルクスが言った「命がけの飛躍」になります。

仕事、売ることは命がけ、ということは、命の元であるＤＮＡがためされます。まさに仕事が人を創る、仕事で人が決まるとも言えます。

仕事を通して、仕事の中で自分の核・コアを核新していくのです。

・仕事の仕方と自分の血液型との関係
・仕事そのものと若いときの自分の問題意識やセンスとの関係
・仕事で痛感する自分の長所や短所
・仕事でこれまた目の当たりにする自分の人生ライフサイクル

とりわけ厄年の前後くらいから、人は自分と向き合うのです。自分のＤＮＡに近いものを感じ、意識し、改善しようとするものです。

私は、それが〝三つ子の魂〟と言われるものだと思います。その三つ子の魂に裏付けられた仕事の仕方、売り方に徹していくことが、人としての前向きの定めであって、それに根ざして仕事をしていくことこそが、オンリー・ナンバーワンにつながる道だと核信しています。

たとえそれがグローバル資本主義の流れと逆行しているとしても、それはそれでいいと思っています。むしろ、そのほうがいいと私は確信しています。

人の実像、姿は「仕事＝売る」にあります。つまるところ、**その人のようにしか仕事ができない、売れないのです。**

トレーニングを重ねて、自分の〝三つ子の魂〟まで行き着いてください。

8 「仕事＝売る」は較・新

みなさんの仕事に、恋人の影響、妻からの要請はどのくらいありますか？

「あんまりありません」「仕事と妻とは関係ありません」「公私の区分をしてください」と言う人がいたとしたら、分業社会におかされた、あまりに寂しい人だと言わざるを得ません。

私が経営コンサルタントとして接してきた１８００人の経営者と妻との関係を振り返ってみると、次のことがわかりました。

・妻を尊敬している人が圧倒的に多い
・妻を「自分を正しく写す鏡」と捉えている
・妻の実家との関係がきわめてよい
・妻から、欠如したＤＮＡを補充してもらって経営に生かしてきた
・「飲む・打つ・買う」のどれかで妻に迷惑をかけたが、その短所を改善して、今では妻か

ら尊敬されている
・お互いに感謝し合って生きていて、人間としてお互いに素晴らしい

妻と自分を比較して学んでいる、較新をものの見事にやってきた方が大半です。

ただし、そんな方々でも、当初は経営的リーダーシップが強すぎて、妻の有難味がわかっていませんでした。「鏡」などまったくないように、いけいけドンドンで進んで失敗もして、他人に迷惑をかけた。妻をないがしろにしていたように、実家をもないがしろにしていたわけですが、借金して、金を融通してもらってはじめて、有難味を知った。「妻あっての自分」ということを、厄年から数年してやっと気づかせてもらった、「飲む・打つ・買う」でバカな失敗をしたことで、ようやく妻の有難味がわかった。

――というように、最初からうまくいったわけでは、決してありません。

ガキで子供のような男が、妻の母性に包まれてまっとうになっていったのです。

これは経営者に限った話ではありませんが、経営者の場合、そのことが極端に現われます。

「『仕事＝売る』は較新」にぜひ気づいてください。

9 「仕事＝売る」は格・新

異なる世代と交わっていく格・新も、仕事でこそ鍛えられると思います。

と言うのも、仕事とは１００％、赤の他人様との関係によるものだからです。それも、広い地域の、顔知らぬ異人たちです。老若男女、あらゆる層の人たちばかりです。

そうした状況で生きていくのですから、自分の格、人格がこれほど鍛えられることもないでしょう。

入社間もない頃、みなさんも山ほどのカルチャーショックを味わったはずです。体がつらくとも必死で起きて、遅刻しないように会社に行ったはずです。

入社して3年たって、なんとか一人前になり、かつての甘い自分と同じような後輩が入って来ます。その相手と闘うこともあるでしょう。

入社してワンジェネレーション・12年経つと、係長か課長になって、ワンジェネレーション下の部下のノルマも背負って必死で頑張っていくことでしょう。

仕事の上で格新したエピソードは、次から次へと出てくるはずです。

もし出てこないなら、今から書く新してみてください。

さて、平成になってやや死語化した言葉に次のようなものがあります。
人格、品格、別格、本格、適格、風格、立派、立ち返る、立ち代わる、立ち姿、立ち働く
――再び私の文献データベースを見ると、「格」や「立つ」の表現法は平成になって激減しています。

もともと「格」と「立つ」は人間の存在論、あり方につながるものだと思います。

「立つ」から、「格」が出てくる。

「立つ」姿にこそ、「格」がにじみ出る。

きっとそれを「風格」とか「立ち姿」というのでしょう。

プライドをもって仕事をしている人、仕事でプライドを確立してきた人、仕事で多くの人の高評価を得た人には風格があり、立ち姿が美しいのです。

「仕事＝売る」で格新を起こし、真の自己革新をしましょう。

10　売ることは生きることに先立つ

学生時代、尊敬するサルトルの言葉「実存は本質に先立つ」に出会い、「現実存在としての人間の、自分の生の姿こそポイントだ」と確信して、そうあるよう、これまで努力してきました。

厄年の年齢になった頃、どう生きていくか迷いが生じました。経営コンサルタントとしてそれなりの実績を積み上げてもいたからです。

それから半年以上悩み抜いて、「売ることは生きることに先立つ」を、ワンジェネレーション、つまり12年は持つであろう「生きるテーゼ」として定式化しました。

売ることは、生きる手段なんかではない。売ることそのことが生きるベースである。売ることそのことが生きる最先端である。

こうした意味です。

少なくとも、無限責任の社長はそのように存在するべきですし、明治・大正の人たちはそのように生きていたと思います。

ぬくぬくと生きてこられた世代の第一期生である、団塊世代の時代精神との決別でした。

それから20年余、なんとか生きてこられました。

売ることで生き金を「獲新」し得ました。

売ることで遡行を「書く新」し得ました。

売ることで異人を「拡新」し得ました。

売ることで先達を「隔新」し得ました。

売ることで育ちを「確新」し得ました。

売ることでＤＮＡを「核新」し得ました。

売ることで異性を「較新」し得ました。

売ることで異世代を「格新」し得ました。


「売ることは生きることに先立つ」を定式化したことで、多くのいろんなことを私に自己革新させせました。

「生き金」を得ることで、少しは多くの人に幸せを。

遡行することで、グローバル資本主義に流されない。
異人によって、多面的な自分を発見する。
先達に学び、少しは歴史に準じることをする。
育ちを振り返り、お世話になった人たちを思い出す。
DNAを振り返り〝三つ子の魂〟に則った商売をする。
異性に学び、バカな男から卒業する。
異世代に学び、±12歳を超える人格を身につける。
これからも、学び、実践する60代でありたいと思います。まだまだ道半ばです。

あとがき

いつの時代にあっても、自己革新とは、一人の例外もなく、誰にとっても大切なテーマです。その「革新」を、金儲け獲新、書く新相対化、拡新空間拡充、隔新時間遡行、確新振り返り、核新DNA発見……と、身近な例や先達の考えをベースにして考えてきました。「マンネリな自分を変えたい」と思っている方々、とりわけ若い人たちにどこまでお伝えできたかどうか、私にはわかりませんが。

これから10年は生きていくであろう、平成という今の時代があって、さらに何十年と生き続けていく、次の時代がある。その後、どんな時代になるかはわかりませんが、日本の人口が1億人を割り、経済的に弱い国になったとしても、あなたの会社が20％の消費税の支払いに苦しむとしても、あなたは自分の「三つ子の魂」を発見し、育成し、充実させて生きていってください。

同文舘出版の竹並治子さん、ありがとうございました。

平成24年9月

宮内　亨

5章

『資本論の哲学』廣松渉／平凡社

『日本のこころ』岡潔／講談社文庫

『国家と文明』竹内芳郎／岩波書店

6章

『創造的進化』アンリ・ベルクソン／岩波文庫

8章

『幸福について―人生論』ショーペンハウアー／新潮文庫

9章

『資本論』カール・マルクス／岩波文庫

全章を通じて

『弁証法的論理学試論』寺沢恒信／大月書店

『文化の理論のために』竹内芳郎／岩波書店

『世界史の構造』柄谷行人／岩波書店

マンネリせず、いつまでも成長する人になるために読んでおきたい古典・名著

2章

『新訂新訓 万葉集』佐佐木信綱 編／岩波文庫

『古事記』倉野憲司 校注／岩波文庫

『日本書紀』坂本太郎・家永三郎・井上光貞・大野晋 校注／岩波文庫

『枕草子』池田亀鑑 校訂／岩波文庫

『土佐日記　蜻蛉日記　紫式部日記　更級日記』長谷川政春・今西祐一郎・伊藤博・吉岡曠 校注／岩波書店

『源氏物語』山岸徳平 校注／岩波文庫

『経済と文明』カール・ポランニー／ちくま学芸文庫

『アンネの日記』アンネ・フランク／文春文庫

『脳と仮想』茂木健一郎／新潮文庫

3章

『社会学ノート』清水幾太郎／角川文庫

『地の群れ』井上光晴／河出文庫

『方法の問題』ジャン＝ポール・サルトル／人文書院

『自然と人生』徳富蘆花／岩波文庫

『武蔵野』国木田独歩／岩波文庫

『サルトルとマルクス主義』竹内芳郎／紀伊國屋書店

4章

『イエスという男』田川建三／作品社

『天と地と』海音寺潮五郎／文春文庫

『宮沢賢治詩集』宮沢賢治／岩波文庫

『本居宣長』小林秀雄／新潮文庫

『内省と遡行』柄谷行人／講談社学術文庫

『生物の驚異的な形』エルンスト・ヘッケル／河出書房新社

【著者略歴】

宮内　亨（みやうち　とおる）

1946年生まれ。山口大学で社会学と哲学を学び、日立系企業でコンピュータと中小企業診断に関する技術を身につけ、株式会社船井総合研究所で価値のマーケティングを体系化する。中小企業診断士・経営コンサルタントとして、30年間で80業種1800社を超す企業の売上・粗利アップ指導に従事。新人からベテランまで幅広い層の人材育成を得意とし、数多くのビジネスマンの「自己革新」をサポートする。10年後、20年後を見据えた骨太の21世紀型マーケターとして、日本全国に多くのファンを持つ。

現在、（有）経営コンサルティングアソシエーションの代表として、経営コンサルタントの王道を突っ走っている。

＜連絡先＞

〒530-0003

大阪市北区堂島2丁目2番23号 白雲ビル303

（有）経営コンサルティングアソシエーション

TEL：06-6344-3636

社会人3年を過ぎたら読む

マンネリな自分を変える本

平成24年10月4日　初版発行

著　　者 ――――― 宮内 亨

発 行 者 ――――― 中島 治久

発行・発売 ――――― 同文舘出版株式会社

東京都千代田区神田神保町1-41 〒101-0051

営業03（3294）1801　編集03（3294）1802

振替001000-8-42935　http://www.dobunkan.co.jp/

ISBN978-4-495-52001-4

印刷／製本：萩原印刷

Printed in Japan 2012